学校音乐教育教学的理论与实践

刘炎昌 著

中国商业出版社

图书在版编目（CIP）数据

学校音乐教育教学的理论与实践 / 刘炎昌著. －北京 : 中国商业出版社, 2023.5
ISBN 978-7-5208-2499-6

Ⅰ. ①学… Ⅱ. ①刘… Ⅲ. ①音乐课－教学研究－中小学 Ⅳ. ①G633.951.2

中国国家版本馆 CIP 数据核字(2023)第 092071 号

责任编辑：聂立芳
策划编辑：张　盈

中国商业出版社出版发行
（www.zgsycb.com　100053　北京广安门内报国寺1号）
总编室：010-63180647　编辑室：010-63033100
发行部：010-83120835/8286
新华书店经销
北京虎彩文化传播有限公司印刷
*
710 毫米×1000 毫米　16 开　10.75 印张　210 千字
2023 年 5 月第 1 版　2023 年 5 月第 1 次印刷
定价：48.00 元
＊　＊　＊　＊
（如有印装质量问题可更换）

前　言

随着教育改革的深入，全面推行素质教育已势在必行。作为美育的重要内容的音乐教育，在全面发展教育中具有陶冶情操、启迪智慧、促进个性和谐发展等方面的特殊功能，大力加强和推进音乐教育已成为全社会的共识。

音乐教育作为素质教育的内容之一，面临着一系列的重大改革，诸如教育观念、课程体系、教学内容方法及教学手段等。因此，提高音乐教育工作者的理论水平，转变教育观念，从音乐教育学、教学论的角度全面认识音乐教育的内涵及发展趋势，从纯技能技巧教育的误区中走出来，显得尤为重要。音乐教师要跟上教育改革的步伐，掌握教学的主动权，就必须提高自己的理论水平和教学科研能力。而任何研究都要求研究者具有本学科及相关学科厚实的理论基础、实践经验和较强的创新能力。目前，音乐教育理论以及指导音乐教育实践的著作在我国寥寥无几，为了弥补这方面的缺憾，充实高师音乐教育基础理论的教材，使工作繁忙的音乐教师以较少的时间和精力，对音乐教育领域中诸如音乐审美教育理论、音乐教育史、音乐教育心理学、比较音乐教育、音乐教学论、音乐教学研究方法等方面的基础理论和音乐教育领域的新观点、新方法有一个较全面的了解，作者特著此书。

本书参考和引用了一些专家学者的研究成果以及一线音乐教师的教学案例，在此一并表示衷心的感谢，并诚恳期待前辈的指正。

广西民族大学　刘炎昌

2023 年 5 月

目 录

第1章 学校音乐教育理论

1.1 学校音乐教育的内涵

1.1.1 学校教育及学校音乐教育

1.1.1.1 学校教育

从广义讲，教育是人类社会独有的一种社会现象，是培养人的一种社会活动。从狭义讲，教育是人类社会发展到一定历史阶段的产物。观人类实践活动之纵横，人类教育活动存在着多种多样的外在形式。人类把教育活动同社会其他活动分离，产生了人类进行人才培养的专门机构——学校。

学校教育是指在学校中进行的各级各类教育，其特点是：有固定的场所、专门的教师和一定数量的学生；有特定的培养目标、管理制度和规定的教育内容。它的具体过程是：一部分人以某种特定的影响作用于另一部分人的内心。它的直接目标是：使人的内心发生预期的发展和变化，获得预期要求的品质和特征。

从这个意义上说，我们可以将狭义的教育定义为学校教育，即教育者根据一定的社会要求和年青一代的身心发展规律，对受教育者所实施的一种有目的、有组织、有计划的培养活动。学校教育体制一般分为学前教育、普通教育、高等教育、继续教育、特殊教育等。

1.1.1.2 学校音乐教育

学校音乐教育是指通过有组织、有计划、有目标的学校教育所实施的以音乐为媒介的教育活动。学校音乐教育是音乐文化的重要组成部分，学校音乐教育体系可分为专业音乐教育和普通学校音乐教育（又称普通音乐教育）。普通教育中的音乐教育，通过表达和欣赏，实现从幼儿园到高中的各自目标。

1.1.2 学校音乐教育的目标、理念及性质

1.1.2.1 目标

1．课程标准概述

自 20 世纪 60 年代起，关于课程标准的研究已成为热点问题之一。在此，我们有必要对以下与课程标准有关的概念加以厘定。

（1）教育目的

教育目的也称教育宗旨，指的是教育的总体方向，并体现教育的终极价值，也称宏观教育价值。其内容体现国家、地方、学校的教育理想和哲学阐述，常出现在国家宪法、教育基本法、教育方针的描述文本中。

（2）教育目标

教育目标是教育目的的下位概念，具体体现不同类型、不同级别、不同阶段的教育价值。它比教育目的更为具体，是教育目的在特定课程领域中的表现，与课程的关系也更接近。

（3）课程目标

课程目标也称课程与教学目标，是教育目标的下位概念，具体体现不同学科课程设置与教学设计和教学过程的目标，与课程关系最为接近和密切，是课堂教学最贴近的成果。一般而言，课程目标是近程的，可在每日运作的课程中出现。

这三者的关系体现为教育目的决定教育目标的状态、内容和方向，同时，教育目的必须依据教育价值而选择其目的。教育目的决定着教学课程及教学目标的内容、性质和方向。教育目的一般都是观念性的理论概括，而教学课程的教学目标才是教育目的的具体实践结果。

这三个概念是从上自下的顺序互为关联和影响的，因此，不可以将这三者完全孤立分析和解释。

2．学校音乐教育目标

音乐课程目标是指在学校音乐教育教学活动中，教师引领学生进行音乐学习活动的具体行为变化表现和阶段性、特殊性的学习成果。

学校音乐教育是以学校音乐课程的实施为载体，因此音乐课程标准中关于音乐教育目标内容的表述，实质上是对学校音乐教育的目标进行了规定性的内涵指导。

长期以来，我国对音乐课程目标的表述是在音乐教学大纲中的"教学目的"内容中阐述的。如：培养"五爱""四有"的社会主义接班人；启迪智慧，陶冶情操，培养审美情趣，掌握浅显的基础知识和简单的技能，认识简单乐谱；了解民族民间音乐，初步接触外国优秀作品；等等。新的音乐课程目标的表述，与原来的教学大纲中"教育目的"的表述相比较，在表述维度和层次上，都有了全新的内涵和意义。因为，音乐课程目标的设置以音乐课程价值的实现为依据，通过教学及各种生动的音乐实践活动，培养学生爱好音乐的情趣，提高音乐感受能力与鉴赏能力、表现能力和创造能力，提升音乐文化素养，丰富情感体验，陶冶高尚情操。

音乐课程目标分为三个维度进行表述，在实际操作中，它们之间有着密切的联系，是一个不可分割的有机整体。这正体现了新课程改革的价值意义，重视人的创造性发展价值，丰富音乐教育的人文内涵的改革突破点。音乐新课程目标的内涵在于：①以学生为本，学生是课程设计的中心，是学习主体。传统的课程片面强调认知和双基教学，忽视了学生的情感、态度和价值观目标，学生只是一个机械受训和消极苦恼的接受者，丰富、生动的主张快乐和审美情趣的学习变成了枯燥单调的知识学习。而新课程目标则是关注学生的学习兴趣、情感、态度和需要，关注学生的个性发展，并将其作为音乐课程的首要和根本的目标。②强调过程与方法目标，视学生的学习经验为课程资源。重视过程、强调方法是符合个体生存、生长和发展的内在需要。从体验开始到模仿、探究、合作和综合，不仅细化了目标，而且使目标的实现具有了可操作性。

新课程目标（教学目的）的表述，特别是关于情感、态度、价值观目标的表述，使强调学生形成积极主动的学习态度、形成正确的价值观和人格完善的课程目标，真正渗透到音乐教学内容、音乐教学设计、音乐教学方法、音乐教学评价的各个具体教学环节中，这将会带来教学内容、教学方法、教学环节、教学评价及师生关系的新变革。

为了更好地实现音乐课程总目标，音乐课程标准以不同年龄阶段的学生生理、心理和音乐学习特征为理论基础，设计了三个分学段教学目标（具体内容参见第四章）。每一个学段目标都是依据学生生理发展、心理发展的特征因素，在情感态度与价值观、过程与方法、知识与技能三个方面，作出了具体的要求和提示，这是音乐课程总目标实现的具体过程和步骤。

1.1.2.2 理念

理念，有说其为哲学名词用语。在柏拉图哲学中，常将“理念”解释为“观念”，特别是后人的翻译，也把其“观念”译为“理念”。在《现代汉语词典》中，把“理念”解释为“观念”；《汉语大词典》中将“理念”直解为“理性概念”；也有当代人将“理念”理解为人们经过长期理性思考及实践所形成的思想理念、精神所向、理想追求和哲学信仰的抽象概括，即，理念是人们对某一事物或现象的理性认识及由此形成的观念体系，是以理念的形式存在于人们头脑中，以直接影响人的行为的形而上的主张、观点、评价标准为体系内容。

如果从教育、课程角度来理解理念的内涵，我们可以这样理解音乐课程理念，即音乐课程理念是对音乐课程实践的理性认识和价值认同，属于一种具有相对稳定性和指向性的音乐课程认识和音乐课程理想的观念体系。

当然，音乐课程理念隶属于教育思想范畴，它的根源在于特定社会的音乐教育实践，并表明对于学校音乐课程的认识和看法，最终指导音乐课程实践。

音乐课程标准作为国家对地方、学校音乐课程实践的指导性文件，其中就明确阐明了音乐课程的基本理念，并成为指导音乐新课程改革和实施的理论支撑。在教育部 2011 年颁布的《全日制义务教育音乐课程标准》中曾阐述了义务教育阶段音乐课程理念。

以音乐审美为核心　以兴趣爱好为动力

音乐审美指的是对音乐艺术美感的体验、感悟、沟通、交流以及对不同音乐文化语境和人文内涵的认知。这一理念立足于我国数千年优秀的音乐文化传统，与我国教育方针中的“美育”相对应，彰显音乐课程在潜移默化中培育学生美好情操、健全人格和以美育人的功能。音乐的情感体验，应从多样化的文化语境出发，根据音乐艺术的表现特征，引导学生对音乐表现形式的整体把握，领会音乐要素在音乐表现中的作用，增进音乐素养。音乐基础知识和基本技能的学习，应与音乐艺术的审美体验及不同文化认知有机结合。兴趣是音乐学习的根本动力和终身喜爱音乐的必要前提。在教学中，要根据学生身心发展规律，以丰富多彩的教学内容和生动活泼的教学形式，激发学生对音乐的兴趣，不断提高音乐素养，丰富精神生活。

强调音乐实践　鼓励音乐创造

音乐教学是音乐艺术的实践过程。因此，所有的音乐教学领域都应强调学生的艺术实践，积极引导学生参与演唱、演奏、聆听、综合性艺术表演和即兴编创等各项音乐活动，将其作为学生走进音乐、获得音乐审美体验的基本途径。通过音乐艺术实践，有效提高音乐素养，增强学生音乐表现的自信心，培养学生良好的合作意识和团队精神。音乐是一门极富创造性的艺术，中小学音乐课程中的音乐创造，目的在于通过音乐丰富学生的形象思维，开发学生的创造性潜质。在教学过程中，应设定生动有趣的创造性活动内容、形式和情境，发展学生的想象力，增强学生的创造意识。

突出音乐特点　关注学科综合

音乐是听觉艺术，学生主要通过听觉活动感受与体验音乐。音乐音响随时间的流动而展现，不具有语义的确定性和事物形态的具象性，然而它又与人类的社会生活、各种文化艺术有着紧密的联系，这就为学生感受、表现音乐和想象力、创造力的发挥，提供了广阔而自由的空间。同时，也要关注音乐艺术的时间性、表演性和情感性特征，并在教学过程中加以强调和体现。音乐教学的学科综合包括：音乐课程不同教学领域之间的综合、音乐与诗歌、舞蹈、戏剧、影视、美术等不同艺术门类的综合、音乐与艺术之外的其他学科的综合。在教学中，学科综合应突出音乐艺术的特点，通过具体的音乐材料构建起与其他艺术门类及其他学科的有机联系，在综合过程中对不同艺术门类表现形式进行比较，拓展学生艺术视野，深化学生对音乐艺术的理解。

弘扬民族音乐　理解音乐文化多样性

应将我国各民族优秀的传统音乐作为音乐教学的重要内容。通过学习，使学生熟悉和热爱祖国的音乐文化，增强民族意识，培养爱国主义情操。随着时代的发展和社会生活的变迁，反映近现代和当代社会生活的优秀中国音乐作品，也应纳入音乐课的教学内容。世界的和平与发展有赖于对不同民族文化的尊重和理解，应以开阔的视野学习世界其他国家和民族的音乐文化，理解音乐文化的多样性，共享人类文明的一切优秀成果。

面向全体学生　注重个性发展

义务教育阶段的音乐课，应当面向全体学生，使每一个学生的音乐潜能得到开发并从中受益。音乐课的全部教学活动应以学生为主体，师生互动，将学生对音乐的感受和音乐活动的参与放在重要的位置。尊重学生的个性，鼓励学生积极参与各种音乐活动，以自己的方式表达情智。教学中，应把全体学生的普遍参与和发展不同个性有机结合起来，创造生动活泼、灵活多样的教学形式，为学生发展音乐才能提供空间。

在教育部《普通高中音乐课程标准》中，也明确说明了高中音乐课程理念。

以音乐审美为核心　培养兴趣爱好

以音乐审美为核心的基本理念，应贯穿于音乐教学的全过程，在潜移默化中培育学生美好的情操、健全的人格。音乐基础知识和基本技能的学习，应有机渗透在音乐艺术的审美体验之中。音乐教学应该是师生共同感受、鉴别、判断、创造、表现和享受音乐美的过程。在教学中，要强调音乐的情感体验，根据音乐艺术的表现特征，引导学生整体把握音乐表现形式和情感内涵，领会音乐要素在音乐表现中的作用。

兴趣是学习音乐的基本动力，是学生与音乐保持密切联系、感受音乐、用音乐美化和丰富人生的前提。音乐课应充分发挥音乐艺术特有的魅力，根据高中学生身心发展规律和审美心理特征，以丰富多彩的教学内容和生动活泼的教学形式，培养学生对音乐艺术持久而稳定的兴趣和爱好。

面向全体学生　注重个性发展

普通高中音乐课程的基本任务，是提高每个学生的音乐素养，使学生各方面的潜能得到开发，并使他们从中受益。普通高中音乐课的教学活动应面向全体学生，以学生为主体，将学生对音乐的感受和音乐活动的参与放在重要的位置。

普通高中音乐课程在提高全体学生音乐素养的同时，还要为具有音乐特长，对音乐有特殊爱好的学生提供发展个性的可能和空间，满足不同学生的发展需要。因此，普通高中音乐课的内容应该体现多样化及可选择性的特点，应把全体学生的普遍参与和发展不同个性有机结合起来因材施教。

重视音乐实践　增强创造意识

普通高中音乐课的教学过程就是音乐的艺术实践过程。因此，在所有的音乐教学活动中，都应激发学生参与的积极性和创造意识，重视艺术实践，将其作为学生获得音乐审美体验和学习音乐知识与技能的基本途径。通过音乐艺术实践，增强学生音乐表现的自信心，培养良好的团队意识与合作精神。

普通高中音乐课程中的音乐创作，目的在于进一步开发学生的创造性潜质。在教学过程中，应预定生动有趣的创造性活动内容、形式和情境，发展学生的想象力，增强学生的创造意识，并进行音乐创作的初步尝试。

弘扬民族音乐　理解多元文化

普通高中音乐课程应将我国各民族优秀的传统音乐和反映近现代与当代中国社会生活的优秀音乐作品作为重要的教学内容，使学生了解和热爱祖国的音乐文化，增强民族意识，培养爱国主义情感。

世界的和平发展有赖于对不同民族文化的理解和尊重。在强调弘扬民族音乐文化的同时，还应以开阔的视野，体验、学习、理解和尊重世界其他国家和民族的音乐文化。通过音乐教学，使学生树立平等的多元文化价值观，珍视人类文化遗产，以利于我们共享人类文明的一切优秀成果。

1.1.2.3　性质

性质指的是事物的本质属性，音乐课程的本质属性在《义务教育音乐课程标准》中被定义为“音乐课程是义务教育阶段面向全体学生的一门必修课”，其独特性质主要体现在以下三个方面。

1．人文性

音乐是文化的重要组成部分，是人类精神文化遗产宝库中的瑰宝，是人类智慧的结晶。无论是在文化的领域中审视音乐，还是从音乐的文化视角出发，音乐教育过程中的艺术作品和相关音乐实践活动，都融入了来自不同国家、不同民族、不同时代的创作者、表演者、传播者和参与者的不同的思想感情和文化主张，所以音乐课程始终都在传递不同国家、不同民族的文化发展脉络及民族性格、民族情感和民族精神，音乐课程也因此充满了鲜明而深刻的人文性。

2．审美性

纵观我国的教育和文化的发展历程，“美育”的教育思想一直贯穿其始终，同时也是培养德智体美全面发展的社会主义建设者和接班人的教育方针的有机组成部分。音乐教育通过聆听音乐、表现音乐和音乐创造活动为主的审美活动，使学生充分体验蕴涵于音乐形式中的美和丰富的情感，为音乐所表达的真善美理想境界所吸引、所陶醉，与之产生强烈的情感共鸣，使音乐艺术净化心灵、陶冶情操、启迪智慧、情智互补的作用和功能得到有效的发挥，以利于学生养成健康、高尚的审美情趣和积极乐观的生活态度，为其终身热爱音乐、热爱艺术、热爱生活打下良好的基础。

3．实践性

音乐学科由于其主要构成元素的独特性质而具有不确定性和抽象性特征。音乐教学过程中各领域的教学只有通过欣赏、聆听、演唱、演奏、综合性艺术表演和音乐创编等多种实践形式才能得以实现。学生在亲身参与这些艺术实践活动过程中，将会获得对音乐的直接经验和丰富的情感体验，为其进一步掌握音乐基础知识、基本技能，领悟音乐深刻内涵，全面提高个人艺术素养起到促进作用。

1.2 学校音乐教育改革的理论基础

学校教育是教育者根据一定社会的要求和受教育者身心发展的规律，通过专门的教育机构对受教育者进行有目的、有计划、有组织、有系统的知识传授和技能训练，培养思想品德，发展智力和体力的教育活动。音乐教育作为学校教育的有机组成部分，是学校教育目的和培养目标的具体体现之一，因此，本节将以 20 世纪教育理论分析为切入点，阐述和分析支持学校音乐教育改革发展的理论支点。

1.2.1 概述

1.2.1.1 教育理论

1. 教育理论的定义

教育理论是以教育思想的系统表述为内涵的，是教育思想的高级形态。它是由一系列的理论范畴构成的体系。能称之为理论的教育思想，必须有自己特定的理论体系，有构成该体系的特定的理论范畴、专门术语、基本规律、基本原理及科学的逻辑体系，能系统地回答“是什么”（定义）、“为什么”（理论或实践依据）、“怎么样”（实施策略、原理方法）等一系列逻辑问题。

2. 教育理论的特征

教育理论作为一种社会形态，具有下列几方面的特征：①实践性。从古至今，任何一种具有广泛社会价值、被世人广泛认同的教育理论都产生于教育实践中。经过理性加工、抽象提炼所成的教育理论，有时可超越地域和时空，有效地指导教育实践，乃至引导教育实践。教育理论的价值在于它能否对解决教育实践中诸多现实问题提供有效的方法、途径、策略、解说、论证乃至政策、依据，等等。②社会性。教育活动与教育研究主体具有社会性。教育理论形成与提出的需要具有社会性。教育思想、教育理论受社会的制约，随社会需要的变化而变化。古往今来，任何一次教育思想的重大转变，任何一种教育观念、教育理论的提出，都有其深刻的社会历史根源。此外，教育理论内容本身也带有社会性。③历史性。教育理论的发展具有历史性。任何一种教育理论作为一种尽可能解释和概括教育规律的理论，在其创立、提出、完善、发展的过程中都经历了一个历史过程。一个有价值的教育理论提出后被人们认同、接受，同样需要一个历史过程。教育规律的揭示具有历史性，教育理论是对教育规律的概括。科学的教育实践必须遵循教育规律，而教育规律作为内因，揭示、概括教育实践、教育现象背后的事物本质，都需要一个漫长的认识过程。④多样性与借鉴性。教育理论的多样性源于教育理论提出主体的多样性。不同国家会因社会政治经济需要和主流文化、价值取向及其教育发展程度的不同而具有不同的教育思想与教育理论。不同民族也因其民族特点、民族心理、民族教育传统的不同而具有不同的教育思想与教育理论。不同的价值主体，特别是教育思想家的世界观、教育观的不同都会产生不同的教育主张与理论，从而使从古至今的教育理论丰富多彩，具有鲜明的多样性。教育理论的相互借鉴性在于：教育理论的提出虽是主观的，但其内容所反映的教育规律则是客观的。不同的国家、民族、时代、教育家所提出的教育主张可能是不同的，但其所反映的教育顾虑应有许多相通、相同之处。这就为不同时代、不同国家和不同民族之间的相互借鉴提供了可能。

3. 教育基本理论的功能

教育基本理论有以下几种功能：①解释教育实践。教育理论对教育实践的解释和说明，集中在它可以回答或者说它应该回答三个方面的基本问题，即“是什么”“为什么”和“怎么样”。②指导教育实践。教育理论不仅能从理性上告诉人们教育是什么，而且能返回到实践中指导人们怎样去做。③推动教育改革。教育改革使人们有计划、有目的地变革现存的教育活动，它是一种特殊的教育实践。教育改革是教育领域里的创新。进行教育改革需要改革的勇气和魄力，更需要相应理论的理性指导。教育理论对教育改革的推动作用，主要体现在三个方面：第一，用“理性尺度”评价显示，揭露现存教育中的种种弊端，使人们认清现存教育中存在的不合理因素；第二，对未来教育进行预测、设计、规划，从对现存教育的评价中和对未来社会发展的分析中提出未来教育的目标、内容、方法、制度、形式等，指明教育改革的方向；第三，靠理论创造的社会舆论力量呼唤社会尤其是教育界，使教育工作者积极、自觉地参与教育改革，并具有必胜的信心。

1.2.1.2　20 世纪教育理论的发展

在人类历史发展中，20 世纪是一个非常重要的时期。这一时期，科学技术高速发展，社会生产和生活越来越科学化、知识化、智能化、技术化和审美化。教育的作用日益受到人们的关注，逐渐成为社会发展的重要支柱，并在世界范围内出现了教育改革的思潮。

19 世纪末 20 世纪初，欧洲出现了“新教育运动”。其教育理论和主张是反对传统教育以教师为中心、教材为中心、课堂为中心的观点，主张以学生为中心，强调学生学习的独立性和创造性，强调教学与社会生活的联系。教育改革者们致力于教育研究和教育实验，主张以学生而非教师为中心，以活动课程代替分科教学；他们批判传统教育不顾学生的兴趣和需要、消极地对待学生、教育内容脱离生活实际等弊病；他们提出“教育即生活”“学校即社会”“从做中学”等观点，认为要把教育的重点从教材、教师、课堂诸方面转移到学生身上，并将其称为“哥白尼式的革命”。这一运动成为“现代教育”的代表。

1.2.2 20 世纪学校音乐教育

1.2.2.1 国外的学校音乐教育

进入 20 世纪以来，面对科学技术的迅猛发展和新技术革命的挑战，世界上主要国家都把提高国民素质看成是国家发展的重要前提条件。

从社会发展的角度来说，20 世纪音乐教育在人的全面发展教育中的作用和地位日益受到重视。从音乐文化本身的发展来说，广大社会成员的广泛参与和对音乐文化的认同，是一个社会真正的音乐文化生存和发展的基础。1986 年，应美国国会“研究艺术教育”的要求，全美教育基金会向美国总统和国会提交了《走向文明——关于艺术教育的报告》。这份报告认为，21 世纪的挑战不仅来自科技教育方面，也有许多来自文化教育方面，如艺术教育就关系到美国公民的素质和美国文明的性质。报告还指出，艺术教育是人类走向文明的一个重要途径，它不仅会使人理解和认识过去的文明，而且还能更好地理解自己和建设未来的文明。

在 1986 年美国音乐教育者全国大会修订的《学校音乐方案：描述与标准》中，将音乐教育的基本思想概括为 10 条，大体阐述如下：

1．音乐是一种具有自身特点的知识体系，其技能和思维方式独具特色，具有学习价值。对社会的每一位成员来说，音乐表演能力、音乐创造力及音乐欣赏能力是一种高度的愿望和追求。

2．学校教育的重要目的之一是向学生传递我们的文化。音乐是文化中一种辉煌的现象。大多数家长希望他们的孩子不仅了解牛顿和爱因斯坦的成就，还要熟悉莎士比亚、米开朗琪罗和贝多芬的名作。

3．学校有义务帮助每个学生发展其音乐潜能。音乐潜能是人的基本能力之一，连同身体运动潜能和其他各种潜能存在于每一个个体之中。遗憾的是，音乐潜能在许多人的人生中未得到充分的发展，因此，所有人都应该在尽可能多的领域中验证他们的潜能程度。

4．音乐为创造和自我表现提供了一种途径，使我们能表现出高尚的思想和感情。音乐包含着人类的想象，使我们能够表现独创性。这些功能在电子技术日趋占据统治地位的当今世界显得尤为重要。

5．音乐学习能够帮助学生更好地了解人类，它为其他各种文化的学习提供了便利的渠道。

6．学校音乐教育给在其他课程上有困难的学生提供了一个成功的机会。每个学生都有在某一方面成功的要求，学校教育绝不能仅仅认可千篇一律的智力活动，而使具备其他能力的学生招致注定的失败。

7．音乐学习能增强学生的满足感，并促使他们追求更复杂高深的音乐。正规的音乐学习能增强他们的感受力，提高他们的鉴赏水平，拓展他们的音乐视野。这些都将增加人在其一生的音乐参与活动中所获得的愉快程度。

8．音乐是现存各种符号体系中最有力和最深邃的一种。正如我们每个人都必须学习语言和数学符号体系一样，音乐和美术所呈现的各种符号体系也是每个人所必须学习的。因此，这种能力应该在一切机会中得以培养和加强。

9．重要的是，应使年青一代认识到，生活的方方面面并非全部都可以用数量来说明。人必须处理主观性的问题。另外，并非所有的问题都只有一种正确的答案，在这方面，音乐恰恰能教给学生许多东西。音乐与学校课程中的其他学科有着根本的区别，它在许多方面比其他学科更与生活相近。教育亟须这种生活上的平衡观。

10．音乐能振奋人类精神，提高生活的质量，丰富人的经验。它在以往的人类社会阶段中一直扮演着重要的角色，并将永远如此。

20 世纪初出现的达尔克罗兹音乐教育体系的理论与实践，强调音乐教育的目的之一是发展音乐能力。他认为，单教儿童用手指演奏乐器是不够的，首先必须启发儿童进入音乐的激情中，把乐曲的情感化为具体的动作、节奏和声音。他的音乐教育观念体现为，音乐教育应唤醒天生的本能，培养对人体极为重要的节奏感，建立身心的和谐，使感情更为细腻敏锐，使儿童更加活泼健康，激发他们想象力，促进各方面的学习。他一方面承认音乐教育过程是在儿童的主动参与和积极体验的前提下的感受、理解、表达的审美情感过程，另一方面强调音乐学习应以身体动作去体验音乐，并以动作表现个体独特的音乐体验为基础。

其后在德国出现的奥尔夫音乐教育体系在教学方式和内容上不同于达尔克罗兹。该体系采用的是以节奏为内容基础的创造性的儿童音乐学习方式，又称元素性音乐教育。它不仅是音乐学科的基础教学方法，更重要的是对人们整个身心的一种基础教育。

这绝非完全是音乐教育本身的事，它更关系到人的素质的全面培养。奥尔夫力求利用自然原始的音乐素材，给儿童一个综合的、自然的音乐体验，使儿童在自由自在地参与音乐活动之时，感受音乐、欣赏音乐、创造音乐和学习音乐。音乐教育的目的是再现人类原始活动和精神，发展创造力。

20 世纪 20 年代，匈牙利人柯达伊的音乐教育思想和实践立足于本国国情，成功地培养了大批有相当音乐修养、热爱本民族音乐文化的音乐爱好者。他坚持音乐教育应立足于发扬本民族文化精神。他的“让音乐属于每一个人”的理念，在世界音乐教育发展中产生了巨大的影响。他创立的以歌唱教学为课程主要内容的理论及教学法，不仅成为匈牙利音乐教育的基础，而且也使他的教育体系成为世界上最具影响力的音乐教育体系之一。

20 世纪 40 年代，日本音乐教育家铃木镇一通过教幼儿演奏小提琴的实践，发起了著名的“才能教育”运动，以母语学习的方式，开发和培养儿童的音乐潜能。他认为，学习音乐的目的并不一定是要成为音乐家，而是通过音乐学习来培养人格，使人类具有真正美好的心灵和感觉。铃木先生要求在音乐教育中，以教育者良好的榜样、真诚的爱心和严格的要求为根本影响因素。这使他的教育实验成果斐然，受到了世界音乐教育界的关注，成为 20 世纪下半叶比较有影响的音乐教育体系。

值得一提的是，被《新格罗夫音乐和音乐家辞典》誉为“20 世纪极具影响”的詹姆斯·穆塞尔，以他大量的音乐教育理论著作为现代音乐教育学的形成作出了不可忽视的贡献。他历时 30 年写出的《学校音乐教学心理学》，至今仍是许多音乐教育专业的学生的必读书。

综上所述，20 世纪的音乐教育不仅体现了社会化、民主化、多样化的特点，并且已经成为学习人类交流、学习生存发展、学习创造的一种基本形式和重要手段，而且还包含更重要的态度和个性的情感教育因素。

受教育科学、哲学、心理学、美学、音乐学和其他相关学科发展的影响，20 世纪的音乐教育发展中出现的这些音乐教育体系与方法，都具有相当完善的教育内容、教育方法和教材系统，不仅探索了学习音乐知识、技能的可能性和方式，更重要的是，这些体系和方法更注重音乐学习在人的能力和素质成长中所起的关键作用，并对此进行了有价值的科学思考和教学实践。

1.2.2.2　跨世纪中国学校音乐教育的改革行动

1. 跨世纪素质教育工程

1999 年 1 月 3 日，国务院批准颁布了《面向 21 世纪教育振兴行动计划》，该计划中明确提出了 12 项重大行动。其中首要一条就是提出实施跨世纪素质教育工程，提高国民素质；要在 2000 年初步形成现代化基础教育课程框架和课程标准，成为跨世纪素质教育工程具体内容之一。因此，1999 年 6 月 3 日，中共中央、国务院又颁发实施了《关于深化教育改革，全面推进素质教育的决定》，提出加快构建符合素质教育要求的基础教育课程体系的任务。这是指导中国教育跨世纪改革的又一重要纲领。由此，中国新一轮基础教育课程改革在世纪之交启动。

可以这样认为：实施素质教育，推进教育民主化，实现教育现代化，是中国学校教育改革的时代追求。全面贯彻国家教育方针，以提高国民素质为宗旨，以培养创新精神和实践能力为重点，强调学校教育要满足每个学生终身发展的需要，培养学生终身学习的愿望和能力，不仅成为学校教育改革的依托，也是学校音乐教育改革的依据。

2. 跨世纪的中国学校基础教育音乐课程改革

20 世纪末，中国学校基础教育音乐课程还未能将素质教育的理念和精神很好地体现和贯彻，主要表现在：①以学科中心为主的课程体系结构。这种体系结构，虽能关注其较强的学科知识的逻辑基础，但对于学生解决问题和创新能力培养就会显得力不从心。通常我们用高分低能来描述这种课程结构体系培养出来的学生。②课程内容存在着“繁、难、偏、旧”现象，现代科技和社会发展中不断更新的内容难以体现。③教与学过程基本上还是传统教育的以课本为中心、以教师为中心、以课堂为中心。学生的学习缺乏自主性、选择性和创造性，缺乏探索意识和方法；教师的教则是以教授书本知识为主。④评价方式单一，重结果，轻过程；重选拔，轻发展，缺乏运用发展性评估，忽视评价的激励作用。因此，面对学校音乐改革的挑战，学校音乐教育改革势在必行。

在分析中国学校音乐教育现状之后，提出其主要突出的现存问题。一是片面理解音乐。课程的价值与目标，出现学校音乐教育的非艺术化倾向；二是违背学校音乐教育规律，导致基础音乐教育教学专业化模式。

据此，在 21 世纪之初，中国开始了自中华人民共和国成立以来的第八次基础教育课程改革。这次改革，以前所未有的课程理念、目标和价值观，试图实现中国学校教育从学科本位、知识本位向以人为本、以学生的发展为本的转变。学校音乐教育作为我国基础教育的重要组成部分和必修学科，在基础教育课程体系中占有独特的、不可替代的作用。同样，也处在这样深刻、广泛的从理念到价值观，从新音乐课程标准制定到新音乐课程实践的改革洪流之中。

世纪之交，在中华人民共和国教育部制定的《基础教育课程改革纲要（试行）》的统一部署和指导下，在调查研究的基础上，分析研究基础教育课程和教学理论的基础理论问题，以提高国民音乐素质为宗旨，以培养创新精神和实践能力为重点，科学地制定音乐课程标准，在新的教育理念之下，建立合理的音乐课程结构，以促进学习方式的变革为目的，探索新的教学方式。

这次跨世纪学校音乐教育的改革，以音乐课程标准为标志，重新审视了音乐课程性质，确立了新的音乐课程目标，建立了促进学生发展、促进教师素养提高的发展性评价体系。为使音乐课程改革科学、高效、有序地实施，教育部在全国建立了首批 38 个国家课程改革实施区，使新音乐课程的培训与实施工作分层推进，滚动发展，真正发挥示范、培训和指导作用。同时，在部分师范大学成立“基础教育课程研究中心”，建立课程改革的支持系统。

从 2001 年《音乐课程标准（实验稿）》颁布至今，中国学校音乐教育的新一轮课程改革已走过 20 多年的光景，这 20 多年来的改革成果并不是单纯地体现在新教材的出现与新方法的应用，更重要的是，这次课程改革以新的教育理念、新的学校文化、新的行为方式的探索和追寻，展示着中国学校音乐教育改革的多元、开放和发展的前景。

第 2 章 学校音乐教育的发展与改革

2.1 音乐课程与教学的历史

2.1.1 国外音乐课程与教学历史

西方音乐课程产生与发展的历史，可以追溯到很久以前的古希腊时期。当时，在斯巴达和雅典两种截然不同的教育体系中产生了不同的课程。斯巴达教育的主要课程是围绕军事体育教育设置的，其中赛跑、跳跃、掷铁饼、投标枪、角力等军事五项是最为重要的，此外还有肉搏术、各种球类、作战游戏、骑马、游泳、使用武器等课程内容，也都发展到了很高的阶段。而在奴隶制民主政治和商业贸易基础上形成的雅典教育，课程则充分体现了和谐教育的思想，其课程内容“七艺”并重，不仅包括雅典智者派创立的文法、修辞、辩证法课程，还在各种学校里普遍开设了算术、几何、天文和音乐等诸门课程，并有弦琴学校专门教授乐器的演奏。音乐课程就在这里产生并得到了很好的发展。

音乐课程之所以能在这一时期获得前所未有的发展，与古希腊哲学家、音乐美学家对音乐价值的发现与肯定不无关系。从毕达哥拉斯学派到柏拉图、亚里士多德，很多古希腊的哲学家都对音乐的作用做了深刻的探究与阐述。毕达哥拉斯学派认为音乐是对立因素的和谐的统一，把杂多变为统一，把不协调变为协调。他们把音乐分为两种不同的类型，即表现勇敢尚武气质的粗犷、振奋精神的调式和表现温文尔雅气质特征的悦耳、柔和的调式。由于这些曲调能够在人们心中产生它们所表达的情绪和心情，所以可以把音乐看作陶冶性情、慰藉精神痛苦的一种无法估价的手段。借助音乐的帮助，粗鲁、急躁的性格能够变得温柔、稳重，而沮丧、郁闷的性格则能够训练得活泼、有活力。柏拉图在他的《理想国》里论述了音乐对人们的精神、意志的强有力的作用，他认为音乐的作用能渗透人的心灵，可以教育人们达到精神上的和谐并抚慰人们的情绪，音乐的各种调式都起着不同的伦理作用。而亚里士多德进一步深化了柏拉图的思想，认为音乐不仅有教育作用，也有净化作用，提出学习音乐能够保持心理健康的观点。这些音乐美学理论的阐发与形成，无疑对音乐课程的发展起到了非常好的促进作用。

特别值得一提的是古罗马教育家昆体良对古代音乐课程发展的贡献。昆体良是古罗马时期著名教育家西塞罗的后继者。与西塞罗一样，昆体良也以培养演说家为教育目的，但昆体良与西塞罗为达到此目的而提出的必设的课程是有差异的。西塞罗认为，课程应以文学、修辞学、历史、哲学和法学为主，而昆体良则提出课程应当包括文法、作文与写作、音乐、数学、体育及声调练习。针对古罗马长期轻视音乐教育的传统，昆体良更提出音乐可以有益于演说家声音的柔和与动作的协调，因此是必需的学科。昆体良对音乐课程重要性的论述，在当时有极为重要的意义。

在中世纪的教会学校中，所有的课程都服从于宗教目的，音乐也沦为宗教神学的奴仆，为其服务。到了文艺复兴时期，教育才真正摆脱了宗教的束缚，学校里开设了一些全新的课程，音乐课程发展到了前所未有的高度。

至于古代音乐教学的起步，从广义来说，自从产生了音乐文化，音乐教学就已经产生了。据载，在古代雅典的歌咏课上，经常用弦乐器伴奏进行教学。而在中世纪修道院的附属女子学校里，音乐表演及音乐理论的学习是重要的教学内容，但由于礼拜仪式任务频繁，儿童几乎没有时间进行科学的音乐学习，学校的教学和管理也不能按照小孩子的生活规律进行。

2.1.2　中国音乐课程与教学的发展历史

中国的音乐教育历史源远流长。据现有的材料推测，氏族社会早期，便可能已产生了包含音乐教育的社会机构。在当时，我们的祖先由狩猎向种植作物、饲养家畜过渡，经济状况有了很大的提高，社会生活相应地发生了很大的变化，出现了以音乐学习为主体的古代学校雏形——成均。据汉代学者郑玄考证，“均，调也，乐师主调其音”。由此，可以推断成均是我同最早的以音乐为主要内容的学校。

夏、商、周三代，我国处于奴隶社会阶段，也是我国古代文明的初盛时期。

这时的音乐教育有了新的发展，开始逐步从生产劳动和社会生活中分离出来，学校音乐教育逐渐产生。自夏朝以来，就有了庠、序、校等教育机构，奴隶主的子弟有权进入学校学习。商代也设有瞽宗，即礼乐教育的场所。周代音乐教育得到进一步的发展，统治阶级强调“礼治”，以音乐作为统治人民的工具，用音乐来规范人们的道德，通过音乐教化，陶冶人格。为此，统治阶级“制礼作乐”，兴办大型音乐教育机构，建立了监管音乐行政、音乐教育、音乐演出的机构——大司乐，设官员、乐师多至 1463 人。大司乐也是当时的音乐学校。贵族子弟从 13 岁至 20 岁便在此学习“乐德”“乐语”“乐舞”等。

在整个封建社会，音乐艺术得到进一步发展，在教育方面，官学、私学并存。音乐教育主要以乐人的培养为目标，以技艺的传授为主要内容，为封建统治阶级宴请、娱乐提供服务，并兼及祭奠、庆贺、礼仪方面的演出活动。统治阶级为此建立了庞大的音乐教育机构，如：西汉的乐府，魏晋的清商署，唐朝的大乐署、教坊、梨园等。宋朝、元朝以后，在民间出现了歌舞、戏曲演出班子，随之出现了培养这些职业艺人的民间机构。

我国古代，统治阶级用音乐规范道德，陶冶人格，从而达到维护统治的目的。他们实施音乐教育的对象是少数贵族子弟，还没有形成真正意义的现代课程。

中国古代的音乐教学基本是师徒相传、代代相授的。到了近代，由于学校的兴办及音乐课程的产生，音乐教学才真正走向正轨。

2.2　国外学校音乐教育改革

2.2.1　近现代国外音乐教育的改革与发展

2.2.1.1　近现代国外课程理论的形成和音乐课程的改革与发展

1. 近现代国外课程理论的形成

美国的课程理论专家博比特、查特斯和泰勒为课程理论的奠定与发展作出了突出的贡献。

19 世纪末 20 世纪初，随着美国中小学课程改革形势的不断发展，课程论创立形成。1918 年，芝加哥大学的博比特教授出版了《课程》一书，主张建立课程的基本原理和采取编制课程的科学方法。这本专著是美国教育史也是世界教育史上专论课程的第一部著作，是课程研究专门化的里程碑。

到了 20 世纪 20 年代，一批课程论专著相继在美国问世。1923 年俄亥俄州立大学教授查特斯发表了《课程的建设》一书。翌年，博比特出版了第二部著作《课程编制》。1926 年美国教育研究会公布了长达 685 页的总结课程研究的年鉴，书名是《课程建设的原则和方法》。接着，哈拉普的《课程编制的技术》一书又于 1929 年问世。这些著作都以课程为研究对象，从课程的基本理论到课程的编制技术都进行了初步的分析，为美国课程论的建立奠定了基础。

然而，真正为课程理论的科学化作出划时代意义的贡献的书籍到了 1949 年才问世，即当代课程理论界无人不晓的名著——《课程与教学的基本原理》。该书作者拉尔夫•泰勒是美国著名的教育学家、课程理论专家、评价理论专家。他是现代课程理论的重要奠基者，是科学化课程开发理论的集大成者。由于对教育评价理论、课程理论的卓越贡献，泰勒被誉为“当代教育评价之父”“现代课程理论之父”。在这部著作中，他把课程编制分为确定教育目标、选择学习经验、组织学习经验、课程评价四大步骤。全书按照这四个步骤逐层展开。美国教育界把泰勒提倡的进行课程编制的四大步骤称为“泰勒原理”。

2.近现代国外音乐课程的改革与发展

（1）美国

美国的学校音乐教育始于 1838 年，是以殖民地时期承担社区音乐教育的歌咏学校为先声而发展起来的。1838 年以前，美国的学校课程内容都是与其早期经济生活需求直接相关的科目，音乐被排斥在学校教育之外，只有一些应社会尤其是宗教需要而形成的歌咏学校。1938 年 8 月，经过梅森（Lowell Mason）、伍德布里奇（William C. Woodbridge）和斯内林（George H. Snelling）等人的不懈努力，波士顿学校委员会通过了一项指令音乐委员会正式为该市公立学校聘请音乐教师的提案，即“音乐教育大宪章”（The Magna Charta of Music Education）。美国法定的学校音乐教育以此拉开帷幕，学校音乐课程正式得以确立。洛威尔•梅森受聘负责波士顿各文法学校的音乐教学，成为全美首任学校音乐教师，后被誉为“美国音乐教育之父”。

19 世纪，美国学校音乐课程经历的阶段大致是：①1838 年学校音乐课程刚刚确立时，课程内容仅仅是唱歌。音乐课程的价值主要是附属于其他教育目的和所谓为其他学科的学习解除疲劳。②南北战争后，音乐课程初步在全美的学校得以普及，音乐课程的重心移向识谱。③19 世纪末至 20 世纪初，在杜威的实用主义教育思想的影响下，音乐课程的价值转向从儿童出发，使儿童的心灵和情趣在艺术之美和魅力中受到熏陶，使学生产生对音乐的热爱之情。

20 世纪上半叶，随着美国音乐教育内容的扩展，音乐课程也越来越丰富，音乐欣赏、器乐、合唱课程都设置成型。这些课程把音乐教育的发展推向一个历史性的高潮。

（2）俄国

俄国近现代的音乐教育体系初始于 19 世纪初亚历山大一世时期的学校改革。在 1840 年颁布的学校法中，确立了教区学校、州立学校和省立学校三级教育体系。在教区学校和州立学校中，音乐均不作为必修课，在省立学校中，音乐、舞蹈、体育虽然作为必修课开设，但由于省立学校仅限于贵族子弟学习，因此所学内容仅限于社交方面的趣味性内容，并未体现音乐教育真谛。

这种情况一直延续到 19 世纪 60 年代，由于大文豪列夫 • 托尔斯泰等一批具有进步民主思想的人士的"自由教育思想"主张的广泛传播，以及俄罗斯民主思潮的发展和时代的进步，音乐课程逐渐开始作为必修课和独立的科目出现，音乐教育得以发展。

十月革命后，苏维埃政府十分重视文化艺术教育问题，美育作为学校教学中必不可少的内容的观念开始得到了确立。1918 年 7 月 27 日，苏维埃人民委员会决议中指出：音乐，同所有其他课程一样，应成为儿童普通教育中必要的组成部分。从此以后，音乐课程得到了空前的发展。

（3）德国

德国有着悠久的音乐文化传统，音乐教育历来都是普通教育的一个重要组成部分。在 19 世纪初期，德国学校音乐教育兴起了民歌运动，唱民歌构成了小学音乐课程的主题，歌咏课成为音乐课程的主要形式。

在魏玛共和国时期，德国进行了两次音乐教育改革，特别是第二次音乐教育改革，创导者克斯滕贝格实践了"缪斯教育"的理想，强调艺术教育的作用，不仅把音乐教育作为一门课程，而且看成是人的整体教育。正是在这种改革背景下，奥尔夫创建了他的音乐教育体系，实践了他的音乐教育核心思想，即"通过艺术教育去培养人的品性，使人在理性能力增长的同时，感性能力也得到发展"。

克斯滕贝格还认为，音乐涉及文化及人类历史问题。因此，他将音乐课程纳入文化常识课程的范畴，为其开拓了一个更为广阔的具有教育意义的领域，从而引出了音乐课程设计的跨科目性的讨论题目。

（4）日本

日本在明治初期开始确立小学教育中的唱歌课。明治维新以来，日本的学校音乐教育从音乐教育的引进、模仿开始，不断发展。明治二十五年（1892年）至明治四十三年（1910 年）是日本音乐教育的唱歌教育时期，之后日本音乐教育不断开拓、发展，形成了一定的系统和规模。

2.2.1.2 近现代国外教学理论的形成和音乐教学的改革发展

1．近现代国外教学理论的形成

（1）夸美纽斯的教学思想

捷克教育家夸美纽斯生活在由中世纪向近代资本主义过渡的时期。1632年，他出版了其著名代表作《大教学论》，旨在向读者阐明“把一切事物教给一切人类的全部艺术”。该书的主要目的是“寻找一种教学方法，使教师可以少教，学生可以多学”。该书的问世标志着理论化、系统化的教学论的确立。夸美纽斯在此书中，对学校课程、教学原则、教学方法和教学组织形式等问题都进行了十分精辟的论述。主要观点有：第一，教学要遵守自然的顺序，即要遵循教学规律，要根据儿童的天性、年龄、能力进行循序渐进的教学。第二，尊重儿童的学习兴趣，鼓励他们自发学习。第三，教学要使学生亲身参加实践，强调活动的首要性。第四，强调直观性原则的作用。第五，认为教学用书应该是实施“泛智”教育的百科全书式读本。第六，提出班级授课制理论。

夸美纽斯还对一些教学方法、教学环境、学生智力发展等教育问题做了论述，提出了许多颇有见地的建议，为教学论这一学科的建立树立了一座里程碑。

（2）赫尔巴特的教学思想

德国学者赫尔巴特是世界著名的哲学家、心理学家和教育家。他毕生都致力于教学问题的研究。赫尔巴特认为“只有教学才能要求一种平衡的、包罗万象的多方面教养”。他的教学思想主要有：第一，提出教育性教学思想，强调教学是教育的基本途径，强调在传授知识的基础上培养学生的品德。第二，提出教学心理化思想，将心理学与教学联系起来，认为教育是要引起和培养学生的兴趣，兴趣是教育的支柱，是传授知识、形成新观念的条件。第三，提出教学过程阶段论的思想，旨在通过一定的教学过程启发学生的思考，增进知识的系统化，培养推理的能力。

（3）杜威的教学思想

美国实用主义哲学家、社会学家和教育家杜威在继承和批判传统教学思想的基础上，形成了一种强调以“学生”“经验”“做中学”为中心的现代教学思想流派，他的最大贡献在于使教学研究及实际教学从课堂教学、书本知识和教师这三个中心转移到儿童身上，儿童成为教育教学研究和教学实际活动的中心。在教学思想发展史上，这是一个历史性的、具有重大意义的转折。

（4）凯洛夫的教学思想

苏联现代著名教育家凯洛夫的主要思想，对我国的教学理论与实践有很大影响。其主要思想为：第一，提出共产主义教学目的论，揭示了教学的本质和根本任务。第二，提出教学过程的认识本质论，进而概括出教学进程的基本阶段，即“感知—理解—巩固—应用”四个阶段。第三，认为教学是师生的双边活动，在整个教学过程中，教师的主导作用至关重要。第四，强调双基（基础知识和基本技能）和系统学科知识的掌握。

2. 近现代国外音乐教学的改革发展

（1）美国

①19 世纪 60 年代至 80 年代中期音乐教材与教法的探索

美国的学校音乐课程确立以后，很多音乐教育家都对音乐教材、教法进行了探索。早期曾对美国歌唱教学产生过较大影响的音乐教材是洛威尔・梅森编撰的《波士顿音乐学院裴斯泰洛齐体系歌唱基础教学手册》。该书至 1861 年共发行九版，书中基于裴斯泰洛齐的教育思想而阐述的七条原则，成为美国音乐教育方法最早的系统表述。

南北战争以后，即 19 世纪 70—80 年代，美国大部分地区从小学到高中各阶段普遍实施了音乐教学。一大批音乐教育家开始系统地研究教材与教法，一些优秀的教材相继问世。其中，较为著名的音乐教材有乔治・鲁米斯的《鲁米斯音乐进阶课程》和路德・梅森的《全国音乐教程》。

《音乐读者》（*Music Reader*）是美国出版的第一套音乐教材，该书在十年的再版过程中，内容篇幅从三册增至六册，其编写者音乐教育家本杰明・詹森（Benjamin Jepson）也由于其对音乐教育的贡献而获殊荣。

《鲁米斯音乐进阶课程》是由乔治・鲁米斯（George Loomis）编著的一套儿童音乐学习教材。该教材附有详细的教法说明，主要特点是循序渐进和简化了的内容进度与顺序，非常符合儿童的学习特点。

被美国音乐教育界称为美国近代学校音乐教学法奠基人的路德・梅森于 1870 年编写的《全国音乐教程》（*National Music Course*），对当时儿童有很大的影响力。这套教材后来还传至国外，在德国、日本都有发行。

②19 世纪 80 年代中期后的识谱教学理论与实践

1885 年以后，受德国教育家赫尔巴特传统教学法精于背诵和严谨的教学程序的影响，音乐教育界开始对以往音乐教学通过模仿唱歌积累音乐经验和兴趣的方法提出挑战，要求音乐与语文一样，首先要学会识读印刷符号，于是，识谱成为当时首要的任务。这一潮流推出了一批新的代表人物和教材、教法，使识谱理论与具体的实践方法得以广泛传播。

③19 世纪 90 年代中期至 20 世纪初的歌唱教学观念与方法的转变

约在 1895 年到 1910 年期间，随着杜威的实用主义教育思想体系在美国的广泛影响与传播，美国的学校音乐教育也迎来第一个跨世纪的转变，形成了歌唱教学的新观念和新方法。

受杜威的儿童教育观影响，音乐教育家汤姆林斯（Tomlins）认为，当时音乐教育的弊端是过分看重知识，而儿童深层次的潜力，如儿童的精神、动机领域和创造性生活等方面并未得到发展。另一位音乐教育家孔登（Congdon）也反对以往识谱教学法脱离儿童兴趣、脱离艺术性的纯技能练习，要求要更好地理解儿童的发展本性及与之相应的教育内容，音乐教育应从僵化的过程中解放出来，从枯燥的方法中解放出来，使儿童在兴趣的激励下得以自然发展并展露出音乐的才能。孔登提出：歌曲是儿童学习的基础，它能唤起儿童的兴趣，并形成音乐的各种形式和旋律的概念；应该在丰富歌曲经验的基础上，再引导儿童观察旋律的构成因素和细节；下意识的歌曲经验恰如母语的学习，儿童先学说话，后学习识字，下意识的经验是识谱的基础，大量的歌曲经验也是识谱视唱的基础，经验是知识学习唯一的必由之路。

在这一时期，以新教学观念和思想为指导的教材相继问世。由罗伯特·福斯曼（Rohert Foresman）策划编写的《心理学原理》、埃莉诺·史密斯（Eleanor Smith）组织材料的《现代音乐丛书》（*Modern Music Series*）等教材，轻快活泼，充满儿童情趣。教学法也一改以往形式，采用建议性的实验探索方案，灵活而具有应用时的弹性、创造性和想象力。另外，歌曲还包容了识谱技术教学所需的各种因素且不失最佳艺术魅力和质量。其他如孔登编著的《孔登音乐读者》（*Congdon Music Rolls*）、汤姆林斯的《洛瑞尔音乐图书》（*Laurel Music Books*）、艾利斯·本特利（Alys Bentley）的《歌曲丛集》等教材，也都是符合儿童学习心理、颇受儿童喜爱的教学用书。

④20 世纪上半叶的改革

20 世纪的美国音乐教学的改革，主要体现在体态律动教学法在美国的传播。约在 1910 年到 1920 年间，雅克-达尔克罗兹的体态律动学开始传入美国，美国的音乐教学法开始发生变化。

（2）德国

德国音乐教学的发展是在德国的学校音乐教育改革中不断完善的。魏玛共和国时期的第一次学校音乐教育改革代表人物赫尔曼·克雷奇默尔（H. Krelschmar）把机械的读谱、练耳、唱歌变为有艺术性、有感情的歌唱。他的改革虽然还是以德国音乐教学长期的授课内容——唱歌为主，但音乐质量提高了。

德国的第二次学校音乐教育改革影响更大。代表人物克斯滕贝格在这次改革中打破了音乐课等于唱歌课的模式，为使音乐课成为全面的音乐修养课打下了基础；其次，他肯定了音乐对创造力和心理的积极影响；另外，他强调了音乐与其他科目的相互作用关系。克斯滕贝格为奥尔夫音乐思想的产生做了一个铺垫。奥尔夫的音乐教育思想主要有三个方面：元素性；从儿童出发，让儿童亲自动手去奏乐，去创造；强调感性，强调音乐教育中感知能力的培养。其改革思路也受到了克斯滕贝格的赞赏。

（3）日本

日本的学校音乐教育内容、教学方法等方面更多的是受美国的影响。明治十三年（1880 年），美国音乐教育家梅逊（L. W. Mason）应邀到日本任音乐调研所的音乐教师。他在日本的两年期间，为日本音乐教师的培养和唱歌教材的研究、编写作出了贡献。在这个时期，留学美国的日本人伊泽修二在音乐教育方面也起到了重要的作用。他就学于美国马萨诸塞州的普里基奥塔师范学校，随梅逊学习音乐。明治十一年（1878 年）回国后，开始编写《小学唱歌集》，明治十四年（1881 年）首次出版，以后相继出版了第二版和第三版。从这时起，日本学校的音乐教学真正开始实施。

2.2.2　当代国外音乐教育的改革与发展

2.2.2.1　国外当代课程理论研究的深化与音乐课程的改革与发展

1．当代课程理论研究的深化

随着教育在人类社会生活中所占地位的不断上升和课程实践日益加速的变化发展，课程理论在当代已经进入了一个新的时期。具体表现在：

首先，课程理论不断丰富与分化，流派众多而且并存。随着当代哲学、心理学、社会学等与课程论相关学科的发展，课程理论本身也不断分化，形成了“百家争鸣”的态势。巴格莱和康南特的要素主义课程论、布鲁纳的结构主义课程论、罗杰斯的人本主义课程论、施瓦布的实践性课程论与斯滕豪斯的过程模式课程理论等，各种流派都在并存发展着，呈现出前所未有的繁荣兴旺状态。

其次，理论本身日益丰富、深刻。各种流派在理论基础、方法论上差异很大，在具体的课程主张上往往针锋相对，虽然难免有褊狭和局限，但大都能在课程研究的某个方面有所建树。

2．当代音乐课程的改革与发展

音乐课程理论在当代的日益丰富和完善促进了今天世界范围的音乐课程实践的发展。目前，在世界各地，普通学校的音乐教育都得到了前所未有的重视，音乐课程内容多样、形式活泼，各具特色。音乐教育及其发展带来的音乐课程的全球化、全方位的改革的蓬勃发展势不可挡。

2.2.2.2 国外当代教学理论研究的深化与音乐教学的改革发展

1．当代教学理论研究的深化

在当代全球性教育改革中，许多教育家提出了自己的建议和主张，使教学理论得到深化。其中，赞科夫、布鲁纳、根舍因的教学论思想被视为当代教学论的三大流派，具有重大研究价值。

2．当代音乐教学的改革发展

进入 20 世纪下半叶，世界音乐文化的发展出现了一股新的潮流，许多国家将音乐的发展视角放在了国民教育上，许多著名音乐家从对少数音乐人才的培养中逐渐将注意力集中在对普通音乐教育的关注上。音乐教育的观念也从技艺的传授转变为艺术和审美的教育。音乐教学也在此观念的引领下，变得多种多样，形式各异。在世界范围内，许多国家陆续完善或创新了自己的音乐教学体系，如德国的奥尔夫音乐教学体系、匈牙利的柯达伊音乐教学体系、瑞士的达尔克罗兹体态律动教学法、日本的铃木教学法及美国的综合音乐感教学等。不仅如此，当代世界性的音乐课程改革还提升了音乐教师的创新与综合能力，很多国家的音乐教学不再是照搬照用一种教学体系，而是几种音乐教学体系的综合运用。

2.3 我国学校音乐教育改革

2.3.1 我国音乐课程的改革发展

1840 年鸦片战争以后，中国由封建社会沦为半殖民地半封建社会。从这时开始，中国的许多有识之士，积极倡导改革，要求废除科举，兴办学校。1862 年清政府受洋务派影响，开始建立京师同文馆等新式文化机构和学堂，接着全国各地也兴办了许多新式学堂。1901 年建立的上海南洋公学附属小学，是我国最早正式设立音乐课程的一所学校。1902 年上海的务本女塾、天津的严氏女塾相继成立，均设有音乐课程，并请日本人任音乐教师。自此以后，音乐课程在中国逐渐形成规模。

1949 年中华人民共和国成立以后，确立了美育和音乐教育在教育事业全面发展中的地位。1950 年 8 月，中央人民政府教育部颁布了《小学音乐课程暂行标准（草案）》和《中学暂行教学计划（草案）》。在这两个文件中，规定了小学、初中及高一各年级都开设音乐课，小学一至三年级的音乐课每周 2 课时，其他各年级每周 1 课时。初中音乐课的内容除了唱歌以外，还包括乐理，初三和高一年级增加简单的作曲内容。

1952 年 3 月教育部颁发了《中学暂行规程（草案）》和《小学暂行规程（草案）》，明确规定了小学、初中直至高中均开设音乐课，普通音乐教育得到了广泛的普及。1957 年以后，学校的美育教育开始被忽视，音乐课时被削减。虽然在 1963 年颁布了新的中小学教学计划之后，音乐教学秩序有所恢复，但不久开始的“十年浩劫”又使学校的音乐教育受到了空前的破坏。“无产阶级文化大革命”以后，中国的音乐教育开始复苏，音乐课程重新起步。1981 年 3 月国家修订发布中小学教学计划，调整了音乐课时。规定小学一至六年级均开设音乐课，每周 2 课时；初中一至三年级每周 1 课时音乐课，中小学音乐课基本恢复到了“无产阶级文化大革命”前的水平。

1986 年 4 月，我国公布（起草）了《义务教育全日制小学、初级中学教学计划（初稿）》，小学一、二年级每周音乐课达到了 3 课时，这样一来，六三学制的音乐总课时小学达 476 节，初中达 140 节，音乐课程得到了前所未有的重视。1989 年 11 月，国家教委颁发了《全国艺术教育总体规划（1989—2000）》。该规划对我国艺术教育的发展目标、任务、学校管理、教学、师资、教学设备、科学实验等七个方面提出了具体的要求和设想。学校的艺术教育纳入了规范化的轨道。

1992 年，全国开始实行新的九年制义务教育课程方案，中小学重新修订了音乐教学大纲。在教学内容上做了更合理的安排，课时也有所增加。新修订的中小学音乐教学大纲的颁发，真正确立了音乐教育在学校教育中的地位，并使普通音乐教育受到国家法令的保障。1994 年，教育部又规定普通高中开设音乐选修课，音乐教育真正成为实施素质教育的重要阵地。

2001 年，全国开始了轰轰烈烈的基础教育课程改革，废除了音乐教学大纲，制定了音乐课程标准，确立了音乐课程新理念，设计了新的音乐课程总体目标，课程内容也发生了相应的变化。改革促进了我国普通音乐教育的发展，使音乐课程总体上发生了翻天覆地的变化。

2011 年，按照教育部基础教育课程改革工作的整体部署，《义务教育·音乐课程标准（送审稿）》于 2011 年 3 月末成为教育部 2011 年工作要点之一，并进入教育部基础教育课程教材专家工作委员会的审议工作日程。《义务教育音乐课程标准》是在 2001 年开始试行的《义务教育·音乐课程标准（实验稿）》的基础上重新修订的，在标准试行过程中，教育部进行了三次统一部署对《义务教育·音乐课程标准（实验稿）》做了大面积征求意见的调查，对其中不够合理、不够恰当的内容进行了相应的修正、调整、补充和完善。修订后的《义务教育·音乐课程标准》更具有科学的实践依据，更加符合我国中小学音乐教育实际，也对学校音乐教育的有效实施、音乐课程健康发展起到了重要的引领作用。

2.3.2 我国音乐教学的改革发展

中国古代的音乐教学基本是师徒相传、代代相授的。是到了近代，由于学校的兴办及音乐课程的产生，音乐教学才真正走向正轨。20 世纪初，学校的音乐教学是以乐歌的教学为主。1904 年，沈心工出版了最早的乐歌教材《学校唱歌集》，此后，他又编辑出版了《重编学校唱歌集》《民国唱歌集》。音乐家李叔同也编写了乐歌教材《同学唱歌集》等。自此以后，我国音乐教学就开始了以教授歌曲为主的音乐教学方式。

1912 年，时任教育总长的蔡元培先生提出了新的教育方针，倡导美育思想。他指出，音乐教育是美育的一个重要组成部分，可以促进人的心理、生理的健康发展。在教学方法上，他认为应适合学生的特点，不可机械照搬外国的教学方法；必须激发学生学习音乐的兴趣，使其主动地参与教学活动；他还强调在教学中要注意运用我国民族传统音乐文化成果，不可一味崇洋。他以独创的精神，提出将美育列入国家教育方针，对后来我国的学校教育产生了深远的影响。

五四运动以后，随着新文化思潮在全国的席卷，外国新的教育思想和教育方法被不断引进，对于音乐教学的研究也不断深入，这一点从 1923 年颁布的《小学音乐课程纲要》和《初级中学音乐课程纲要》中就可见一斑。

20 世纪 30 年代，国民政府教育部颁布了各级各类学校的课程标准，对音乐教学的目标、教学时数、作业类别、各学年具体要求、教学要点以及教学方法等方面都作了详尽的规定和说明，使中小学音乐教育走上正规化的道路。我国的中小学音乐教学由过去单纯的唱歌课发展成由唱歌、乐理、欣赏三部分组成的内容系统的音乐课。规定中要求用五线谱和固定唱名法学习歌曲。教材编写质量也越来越好。

中华人民共和国成立以后，国家十分重视音乐教学的发展。1956 年教育部颁发了《初级中学音乐教学大纲》和《小学音乐教学大纲》，进一步强调了美育在全面发展中的地位，规定了音乐教学的内容包括唱歌、音乐知识和音乐欣赏，并对各部分作了具体明确的要求，对教学方法也作了详细、恰当的提示。这套大纲具有较高的科学性和时代性，适应了当时我国社会主义建设的需要。在《大纲》的引领下，很多音乐教育专家和教师以极高的热情投入音乐教材的编写和音乐教学的研究中，各级师范音乐教育逐步建立和发展，很快为普通音乐教育输送了大量的师资，音乐教学得到了蓬勃的发展。

“文化大革命”期间，音乐教学遭到了严重的破坏。改革开放以后，我国的音乐教育事业得到了前所未有的迅速发展，外国优秀的音乐教育思想、教学方法不断被引进、吸收，打破了我国传统的音乐教学理念和教学模式，形成了今天我国音乐教育的新观念和新方法。2001 年，基础教育音乐课程改革在我国全面铺开，音乐教学日新月异，特色纷呈。2011 年，通过对《音乐课程标准（实验稿）》近十年的实施经验的总结和广泛征求意见的分析与归纳，《音乐课程标准》的内容得到了进一步的完善和修订，未来的学校音乐教育将会更加科学、规范、完善。

第3章　音乐学习和教学理论

3.1　音乐审美心理

3.1.1　音乐审美

3.1.1.1　什么是音乐美

1. 音乐美的本质

人天生就喜爱美的事物，在听觉上也是如此。人趋向于美的声音的本能使人们产生了主动去选择声音，并对它们进行组织的欲望，这样，音乐就诞生了。人类在实践的过程中学会了根据自己的需要去创造听觉美的事物，这就是美的音乐。因此，我们说，音乐美的本质是在一定的审美理想支配下的丰富而有序的感性样式。

所谓丰富，是指音乐的音响结构样式及音乐表现样式的多姿多彩。无论从不同地域或不同种族、民族的横向的角度来观察，还是从不同时代、不同历史时期的纵向的角度来研究，我们都会感受到人类音乐的异彩纷呈。

所谓有序，是指音乐的音响结构是按一定规则组织的，是有规律可循的。美的音乐存在着多层面的有序性。从音响材料来看，美的音乐是以乐音，即振动波为有序结构的音为主要材料的音乐；从对材料的组织来看，音乐的美体现在作曲技法的有序化，即：变化中的统一，统一中的变化。

2．音乐美的含义

美的基本含义是美的内容和美的形式的有机统一体。据此，音乐美的含义可以推论为音乐美是音乐所具有的品位，它产生于主客观的完美结合之中，是音乐的形式和内容的高度统一。

然而，古往今来，对于何谓音乐的内容，何谓音乐的形式，以及音乐的内容与形式的关系问题，一直颇有争议。之所以产生这样的分歧，最根本的原因是人们对“内容”这一名词的理解各不相同。如果把内容理解为作品所表现的对象，那么在音乐美过程当中那些直接使人产生的各种体验，就不能包含在内；如果把内容定义为“事物内在诸要素的总和”，将“内在”理解为“包容在物质材料的结构之中”，将“诸要素”理解为“构成事物的材料的要素”，那么所有的音乐表现的对象就都会被排除在音乐的“内容”之外。实际上，正如文学、美术等其他艺术所表现的内容与其结构要素文字、颜料之间是蕴于其中、意于其外的关系一样，音乐的内容也绝不是指“乐音运动的形式”。所谓音乐的内容，应是“审美主体（包括创作者与理解者）赋予音乐并从音乐中体验到的精神内涵”。这里的精神内涵既包含视觉性的、情感性的及概念性的对象，也包含着人们内在的、不能用语言和形象描述的情态活动及良好的听觉审美样式的理想。至于形式的定义，倒并不存在什么歧义，“音乐的形式是音乐音响的构成样式”这一定义基本得到了大家的普遍认可。这样，音乐的内容与形式的统一，即音乐的精神内涵构成样式的高度统一就构成了音乐美。

（1）音乐的形式美

音乐由音高、音强、音色及音长四个基本要素组成，这四个音乐基本要素是一切音乐形式的基础，研究音乐的形式美首先必须要了解它们的审美特征。

音高是由振动频率而决定的声音听觉属性。按照振动的有序性来分类，声音可以分为声波振动呈周期性规律变化的乐音和声波振动呈不规则状态的噪音两种。符合人类对听觉愉悦性的自然审美需求的乐音是音乐最重要的表现要素之一。由于音高的表现力十分丰富，因此从古至今，人类都在不断地拓展音高的表现力。然而，人类听知觉的感受能力阈限又反过来限制了其对音高的无限欲求。音乐心理学研究表明听知觉对过高和过低频率的声音的辨别不够敏感，对两音之间音高差异的分辨更存在着限度。人类的这种自然听觉属性直接制约与限定了作为审美对象的音乐音响的音高。

音强是由振动幅度所决定的声音听觉属性。它也是音乐表现的一种重要手段。更大的音强范围与更细腻的音强层次控制是音乐艺术发展程度的重要标志；更精确的力度控制及更丰富的力度变化也是衡量音乐表演者水平的标志。另外，由于主体心理状态、审美习惯和经验的影响，其对音强的体验和接受性各有不同。但无论怎样，超强的音，即强度超过 140 分贝的音是任何一个人都无法接受的，更不用提有何审美价值。

音色是由物体振动状态所决定的声音听觉属性。不同的音源，不同的音区、力度及表演方法，形成了音色的不同，进而使音乐的表现更加丰富。优美、悦耳的音色是人类听觉的自然倾向，因而在音乐中运用颇多。但是，紧张度较高的乐音甚至噪音，如果手法运用得恰到好处，也能产生很强的审美感染力。

音长为声音的时间属性。作为一种音乐要素，其变化能带给人不同的情绪体验，直接关系到音乐表现性质的变化。

两种以上的音乐基本要素的结合就构成了音乐的基本组织形式——节奏、节拍、调式、调性、旋律、和声、复调、配器、曲式等。虽然这些音乐基本组织形式作为音乐作品整体的不同侧面呈现出不同的审美特征，而且由于音乐作品的产生时代、地区和民族的不同以及音乐审美观念的不同，其音乐基本组织形式的结构形态也存在着很大的差异，但是它们都不能脱离其基本的审美特征——丰富和有序。结构的有序和样式的丰富是音乐形式美的主要体现。

（2）音乐的内容美

既然音乐的内容是审美主体（包括创作者和理解者）赋予音乐并从音乐中体验到的精神内涵，那么这种精神内涵的美是如何展现出来的，又是如何传递给听者的呢？近期的音乐心理学研究成果证明，人们对音乐内容的理解和感悟主要依靠一种人类所共有的心理反应——联觉。

对一种感觉器官的刺激引起其他感官的感觉，这种心理现象被心理学家称为联觉。联觉是人的心理活动的自然规律，人们对音乐的理解主要通过联觉活动。然而，音乐表现的对象是错综复杂的，联觉规律不可能将感觉之外的心理现象，诸如视觉意象、情感体验及概念与思想的领悟全部揭示出来，这就需要以其为基础，作更深入的分析。总的来说，听者对音乐的视觉意象、情感体验及概念与思想的领悟都是在这样一个过程中进行的：首先，音乐的音响刺激人的听觉系统，使人产生听觉体验。然后听者再进一步得到与某种情绪体验，某个概念、思想或某种形象相关的一系列感性特征，这些感性特征最后就会或让人联想到某个特定的概念、思想，或引起人们对某种视觉意象的冥想，或通过听者结合综合的经验和思想认识活动的介入产生相应的情感体验。

3．音乐美的特殊性

音乐美的特殊性体现在其非语义性、直观感受性和听觉感受性。

音乐同小说类文学作品不同，不以普通语言、文辞为材料，也不以对语言音调的模仿为重要的音高组织依据（尤其是器乐），所以说，音乐根本不具有通常的语义性、概念性。音乐的非语义性是其非常重要的一个特征。

大多数文学作品的印刷文字本身在视觉直观上不能构成小说所要构成的感性世界，更不能成为审美对象。文学作品的感性世界是文学家利用语言的叙述和描述等功能虚构成型，让读者通过阅读想象出来的，是“想象的感性世界”。而音乐是直观直感的感性对象，对于音乐的耳朵来说，它的音响美是直接呈现出来的。

另外，音乐作为听觉美的艺术，不像具象视觉艺术那样依附于模仿或再现现实之物，也不依附于现实声音的“具象”。音乐的美从本质上是非模仿、非再现、非具象、非依附性的，它对声音材料的组织依据是人的听觉审美理想。

3.1.1.2　音乐审美

1．音乐审美意识与条件

（1）音乐审美意识

音乐审美意识是一种以音乐感知、情感体验和审美评价为基本环节的人类意识活动。音乐审美意识的发生是以音乐美的存在为前提的。没有音乐艺术美的存在，不可能有音乐审美意识的发生。不仅如此，审美主体作为一个社会的实践着的人，只有在对音乐艺术的审美观照中产生了作为人的本质力量来肯定的音乐审美感受时，音乐的美对其来说才能成为一种真实的客观存在，才会真正具有音乐的审美意识。

反过来说，人的音乐审美意识的发展，也会有力地促进音乐美的发展与创造，并且能够通过丰富人的思想情感的美来增进现实生活的美。这就是音乐审美意识的积极作用。

（2）音乐审美条件

人与音乐可以构成多种关系——审美关系、认识关系、功用关系，等等。无论是哪种关系，音乐都处于对象地位，而人则是对象的主体。要构成审美关系，使音乐成为人的审美对象，人成为音乐的审美主体，就必须满足基本的音乐审美条件。这基本的音乐审美条件是：第一，主体必须基于审美目的来倾听音乐；第二，要选择适合自己审美能力和趣味的音乐作品；第三，对音乐作品的直接感性接触。

2．音乐审美体验与音乐审美趣味

（1）音乐审美体验

音乐审美体验是指对音乐美的品位的体验，是在对音乐形式美与内容美的感受和理解中获得的。对于审美体验，我们要明确以下三个问题：第一，音乐审美体验，首先是对审美知觉对象——音乐自身的感知和把握，如果不先感知音乐的形态与样式，就无法进一步获得音乐的审美体验；第二，音乐审美体验不仅仅指感受音乐的形式美，还包括以审美主体的深刻的理性认识和生活经验为基础的对音乐内容美的理解和体悟；第三，音乐审美体验可以引起审美主体的生理快感，使之产生愉悦、振奋的情绪，但快感绝对不是音乐审美的本质表现。审美主体通过音乐审美所产生的美感体验才是人类高级的心理活动，这种美感体验只有审美主体在感性听觉体验的基础上，通过联觉与想象达到理性的升华以后才能获得。

（2）音乐审美趣味

音乐审美趣味是指个体对音乐的兴趣与爱好。由于每个人都有自己不同的经历、气质、性格，受教育程度与文化熏陶也各有差异，因此对音乐作品的爱好与趣味也不会相同，这种个人的差异性应受到承认和尊重。

然而，音乐审美趣味确有健康高尚与庸俗低级之分，具有健康高尚的音乐审美趣味的人会从音乐中去欣赏和体验人的美的创造，不仅能感受到音乐音响结构的形式美，更能体味到作品的精神内涵；而那种音乐审美趣味庸俗低级的人只把音乐作为一种官能满足和生理刺激的工具，把获得生理快感作为唯一的终极目的。事实证明，音乐审美趣味的高尚与低俗与个人的文化修养和思想境界有密切关系，是一个人的文化与思想的反映和写照。

音乐审美趣味的差异性还表现在审美层次上的雅俗不同。高雅音乐，也就是人们常说的严肃音乐、艺术品位高的音乐，在音乐的形式上十分精细、严谨，在内涵上十分丰富、深刻，因此在审美上也要求有更高的文化和音乐修养。而通俗音乐、流行音乐的音乐形式一般都很通俗易懂、内涵浅显，更多的是表现普通人的日常生活感受，因而大多数人都易接受。

音乐审美趣味还有广、狭的不同。有些人的音乐审美趣味很广，而有些人则很狭窄。这种差异主要和不同人的生活环境、教育程度和文化修养有关。

3．音乐审美评价与标准

音乐审美评价在音乐生活中的很多领域或场合都在进行，如音乐批评、审美选择、作品评选、表演比赛及音乐教学中的许多考试，等等。俗语说：“萝卜白菜，各有所爱。”由于音乐审美评价在不同审美主体之间也确实存在很大的差异，不同时代、不同民族种族的音乐审美原则、方式也各不相同，因此音乐审美标准的相对性是得到认可的。然而，又因为音乐美的创造一旦以某种方式呈现出来的时候，它就是一种相对于审美主体的客观存在，因此我们虽然承认音乐审美评价标准的相对性，但也不否认其客观性。正是有了这一点，我们才确定音乐艺术的美是可以进行评价的。

音乐审美评价的客观标准依据是音乐的复杂性。在数量和质量两方面显示出来的复杂性，可以作为音乐优秀与否的客观标准的依据。举例来说，音乐作品的评选在同样成熟的情况下，大作品比小作品得分高，因为同质不同量；而将大师的小作品与一般学生的大作品进行比较的话，大师的作品得分会很高，因为质的复杂性更重要。

3.1.2　中小学生音乐审美心理的发展

3.1.2.1　音乐审美心理要素

1. 音乐审美感知

审美感知是指审美感知力和审美感知活动。从审美心理学角度来分析，审美感知是审美感觉和审美知觉的统称。

感觉是对事物个别属性的反映，如在音乐审美中，对声音的感官印象。“感觉是我们进入审美经验的门户，而且，它又是整个结构所依靠的基础。”当我们在听到音乐之声而感到某种特定的情绪体验时，虽然以官能感觉为起点，但都是个体审美经验的基础。知觉，是对事物个别特性组成的完整形象的反映，是一种包含着组织与选择的主动的反映。审美知觉是指各种审美感觉的综合和协调活动。在实际的音乐审美活动中，感觉和知觉是密不可分的，是以音乐感觉为基础，以音乐知觉为反映形式，因此，我们又常称之为音乐感知。

音乐审美感知是通过听觉而获得的对音乐音响及其结构形式的完整映象和总体知觉，这正体现了音乐审美感知对音乐音响整体的艺术综合的表现意义的特征。一方面，通过音乐感知，形成了对音乐音响形式美的获得，并由此产生听觉上的快感和精神上的愉悦；另一方面，也是更重要的，即通过音乐感知，为音乐审美中的音乐想象、音乐情感和理解奠定了基础，提供了前提。

2. 音乐审美想象

音乐审美想象作为高级的音乐审美能力，是音乐审美心理结构中的一个重要因素。它最本质的特性，就是创造性。由创造性而产生的审美的自由想象，可以对审美感知提供的表象进行改造。如通过黏合方式，即把表象进行组合，补缺完形，创造出一个从未有过的新表象；夸张方式，即借助一个新表象与原有表象连接，并用艺术手段进行夸大或缩小；变形方式，即改变或移动原表象的某些部分的数量或位置，建立新异表象；浓缩方式，即将具有共同本质特性的表象集中、综合、提炼，具体概括为一个含义深刻的艺术新表象；等等。

音乐审美活动是一种概括性强、不具象的艺术活动。无论是感知、表现、创造，都只是依赖于音响形式，而缺乏实体对象的直观形象。因此，音乐审美想象一旦参与了音乐感知，就会发挥它对音乐音响感知或充实、丰富，或削弱、抑制的功能。正是这种通过审美想象对审美感知而产生的超越和突破，使个体审美经验得到丰富和扩展。

从本质上讲，想象就是通过把感知到的完形或是大脑中储存的现成图式加以改造、组合、冶炼，重新铸成新的意象的过程。对于音乐创作者来说，他是在想象中构作音乐，借助艺术想象力和形式技巧，将那些本来不具备任何指向、意义的音乐音响材料，构作成为具有表情意义的感人作品，使想象力与技巧之间以及潜在资源力量与组织能力之间表现出和谐的平衡。音乐作品是作曲家想象的展示和映象，它既可以是作曲家精神的映象，又可以是时代精神的映象。任何一部音乐作品都需要通过音乐表演来进行展示，而音乐表演一方面要求表演者要准确借助想象来把握作品意图，另一方面也要求表演者积极能动地发挥艺术想象力和理解力，创造性地重现作品的内涵。因此说，音乐表演中的想象力是一种复合了对作品蕴涵的表现意义的想象和表演者对自身艺术表达的想象的双重想象。

音乐欣赏则是思维在意识中将感觉经验转化为想象的活动。这个活动主要依托艺术想象力来完成，这也是音乐欣赏的本质特征。我们听音乐时运用的想象力，是一种比任何内心复杂得多的东西，想象力在其中体现了更富于价值的意义：优秀的音乐作品能够给人提供的所有幸福在于，它为我们的内在体验创造了这样一个理想的观照场所，在这观照场所中，我们的有机生命力就通过移情到艺术作品中，而以一种不受遏制的方式充分展开了。就此而言，艺术又完完全全地恰好就是客观化的自我享受，这种自我享受正是借助审美想象而获得的。

3．音乐审美情感

如前所述，由于音乐的运动形态与人的情绪活动形态之间存在着同构、同态与同形关系，所以，音乐欣赏者在聆听音乐时，通过联觉反应能够产生一定的情绪体验。这样，在持续稳定的情绪体验的基础上，通过对已有的综合的经验和认识的联想，就会产生音乐审美情感。从人的角度讲，情感是人对客观现实的一种特殊的心理反应。审美情感是审美主体对审美对象的肯定或否定态度及体验，它反映的是审美对象与审美主体之间的关系。审美情感是以日常生活的情感为基础，并经过多种心理功能的处理（理解、想象等），对日常生活情感的形式化、秩序化和组织化。

审美情感对审美创造、审美表现和审美理解具有动力作用。审美感知、审美想象以及审美理解，都是因审美情感的介入程度和支配力度的不同，而最终形成了高低不等的审美能力水平。

4．音乐审美理解

由于音乐表现手段的特殊性，它不可能对所表达的情感思想和生活意境给予明确具体的说明。这就要求在音乐审美教育中，个体在凭借感性与经验进行情感内涵体验的同时，能有意识地运用理性思维，对艺术作品的形成、内容及内涵进行理解认识，这样才能从单纯的体验音乐欣赏带来的快感提升到精神的愉悦和理性的满足。可以说，审美理解是构成审美心理能力结构不可或缺的一项内容，是个体能否真正获得音乐美感的重要心理条件。

所谓“理解”，一般意义上说，是认识或把握事物的本质。从人的思维结构定义，理解是由于新知识的纳入而对原有思维结构产生的影响。按照理解的发展水平，可以分为不经过间接思考过程就可以实现的理解和必须以预先的思考为根据的间接理解。所谓审美理解，是指个体在审美活动中，对审美对象的内在联系、结构形式以及内容意义的领会、认识和把握，主要是指审美中的理性能力，是由感性上升到理性的审美思维的过程和形式。

当我们将审美理解作为审美心理结构中的一个要素时，它是作为一种心理机能、一种心理能力，是与审美感知、审美想象、审美情感协调活动的。作为人类高级精神活动之一，音乐审美教育，不论是音乐创造、音乐表演还是音乐欣赏，都不能仅停留在感情宣泄和原始冲动阶段，都需要将感性的官能或情绪体验上升为情感内涵的理性审美，才能通过感情活动与理智判断来完成音乐的审美，即准确地把握音乐内涵，分析和评价音乐作品，进入更完整的音乐审美境界。因此，音乐审美理解直接影响着个体音乐审美能力的水平和音乐审美教育活动的功效质量。

同时，音乐审美理解还具有升华感知、规范想象、调节情感的功能。一些优秀的音乐经典之作，不仅仅是用声音来抒发感情，还能够通过感情的抒发和音乐形象的逻辑发展来表达深刻的哲理思考。贝多芬就曾对他的富于哲理性思考的重要作品如《第三交响曲（英雄）》《第五交响曲（命运）》等，提出了要用理性来倾听的观点。

因此，只有将个体对音乐音响的体验感知、情感体验和想象创造置于审美理解的理性指引下，才可能达到更深刻、更高级的音乐审美境界。

总而言之，音乐审美理解的功能主要表现为一种自觉秩序、规律，在与其他审美心理机能关联、渗透、组合之中起着统一、规范、限定的作用。当审美理解融于音乐感知中时，会使感性升华，转变为超感性直觉，从而使音乐审美教育活动真正对审美主体把握和感悟音乐审美对象的精神内涵和意味发挥导向作用；当音乐审美理解渗透到音乐想象之中时，又可以对个体的由任意想象提供的表象的多样性，加以本质性的规范，使之成为符合规律性的自由审美活动；当音乐审美理解融于情感时，那种盲目、原始、放任的情绪宣泄经过理性的净化，会发展为有一定意向的情感，成为真正的审美情感。

3.1.2.2 中小学生音乐审美心理发展特征

以上阐述分析了构成音乐审美心理的四个要素。那么，对于中学生和小学生来说，其音乐审美心理有哪些显著的特征呢？下面分别加以讨论。

1. 小学生音乐审美心理发展特征

国内外的调查研究与音乐心理实验研究的数据证明，小学生的音乐感知能力，随着其生理的发育与心理的发展，每年都在迅速提升。小学低年级是听觉最敏感的时期，对节奏的感受力也日益增强。这个学段的学生用耳朵去感觉，凭感觉把握音乐，经常喜欢用身体动作去对音乐节奏和旋律作出反应。小学中年级是儿童发展音乐感知能力的最佳时期，这一学段的学生身心迅速发展，运动觉、听觉明显增强，节奏、旋律表现更加丰富。他们观察分析能力与视觉的发展使其识谱能力显著增强；他们精细动作控制能力的发展加快了其学习乐器的进程；他们理解力的增强更有助于其乐理知识的掌握。小学高年级学生运动觉、听觉、智力、理解力、表现力的继续增强都会促进其音乐能力的全面发展，这一时期的儿童，不仅对音乐音色变化、音色组合产生的音响效果、丰富的和声和表演变化都感兴趣，还能感受到旋律的反复、变化、对照和乐曲的整体结构，逐渐表现出对具有丰富表现力的乐曲的爱好。

由于音乐审美想象需要一定的社会生活和相关知识的积累，所以对于小学低年级的学生来说，要求其在音乐审美过程中产生丰富的想象与联想是非常不切实际的。他们对音乐的想象，需要更多地借助于歌曲的歌词、乐曲的标题和乐曲的故事情节。到了小学中年级，儿童的想象力随着生活经验的丰富开始增强，音乐的旋律已可以在其心中唤起鲜明的想象。但这个阶段的儿童的想象力也很有限，仅限于简单的形象，只有在小学的高年级阶段，儿童的想象力才有了质的飞跃与发展，这个时期的儿童不仅善于联想，更喜欢想象。对于音乐作品，无论是欣赏还是演唱，都可以不依赖歌词、标题所指，而从对音乐要素的综合感知和情感体验上去想象。

同样的道理，有调查表明，小学中、低年级学生在音乐审美过程中的情绪体验、情感反应能力和对音乐的理解较为简单，与音乐作品差距较大。在小学高年级以后，由于儿童的日常情感体验日益丰富，对音乐作品的情绪和情感反应、感情色彩的体验与理解越来越准确、细致。

2. 中学生音乐审美心理发展特征

中学生的音乐感知觉由于其身心各方面的成熟而发展完善。在听觉方面，已具有相当准确的辨别调式的能力，其听觉的灵敏程度甚至超过成人。

中学生的联想能力与想象力更为发达，他们在音乐审美过程中不仅可以综合分析乐曲的各音乐要素、曲式结构，还能够结合自己多方面的生活经验和知识阅历，多角度地通过联想和想象把握作品。

中学生的情感世界极其丰富，逻辑分析能力日渐增强，在音乐审美过程中，他们能够对音乐作品的情感与内容给予更加深刻的理解与把握。因此，这一阶段的音乐教育如若把重心放在学生音乐审美修养的提高上面，将会获得很大的成效。

3.2　音乐学习心理

3.2.1　学习理论

3.2.1.1　学习的概念界定

学习是通过实践或其他经历，使个体的行为或按某种方式表现出某种行为的能力产生持久变化的过程。

分析这个定义，我们可以归纳出关于学习的三个标准。

首先，当个体行为或行为能力发生改变时，才能说学习已经发生。学习包含了发展新行为及行为能力或改变已有行为及行为能力的意思。根据认知理论的观点，学习是不能直接观察到的。人们观察到的仅仅是学习的结果，从结果可以推断出其是否进行了学习。

其次，行为及能力的持久改变是学习判定的另一个重要标准。主体由于药物、酒精或疲劳等因素形成的暂时性变化不能称为学习。因为一旦原因排除了，行为就会恢复到原来的状况。当然，学习也会产生遗忘，不可能一直保持下去，至于行为的改变必须持续多长时间才可认定为学会了，专家们的说法不一。不过，对“行为改变持续的时间太短（如几秒钟）不能算作学会”是专家们一致认可的观点。

第三条判定学习的标准，是个体的改变必须是通过实践或其他经历（如对别人的观察）形成的。如爬行和站立等由遗传所导致的行为改变不能算作学习。

3.2.1.2 现代学习理论

学习理论作为一种教育研究的视角，旨在阐明学生的学习是怎样发生的，哪些因素影响学习，学习的规律是什么，如何才能进行有效的学习等问题。从19世纪末期首次对学习进行科学的研究开始，一直到21世纪的今天，各种学习理论新成果层出不穷，日新月异。其中，影响较大的主要有以下两派学习理论。

1. 行为主义学习理论

行为主义学习理论由美国心理学家华生创立，主要盛行于20世纪上半叶。行为主义理论把学习看成行为的反应速度、发生频率或形式的改变。其主要的观点认为，学习者的行为是他们对环境刺激作出的反应，学习的实质在于形成刺激和反应的联结。某种刺激和专注的反应联结起来，学习就发生了。持行为主义观点的理论家们，主张不用思想、情感之类的内部事件，而根据可观察的现象来解释学习。其代表人物有巴普洛夫、华生、桑代克、斯金纳等。

2. 认知理论

20世纪中叶，由于科学技术的发展及人们学习方式的逐步改变，认知理论日渐受到重视，而且有了迅猛的发展。与行为主义学习理论相比，认知理论着重研究知识和技能的习得、心理结构的形成、信息加工等问题。认知理论家们一致认为，在学习的过程中，心理过程的作用是非常巨大的，学习是一种内部心理现象，可以从人们说出的话和做过的事情中推断出来。认知理论主要研究的是信息的心理加工，具体内容包括心理加工的结构，信息的获得、组织、编码、激活，在记忆中储存，从记忆中提取和遗忘等。其代表人物有格式塔学派的韦特海默、科勒、卡夫卡和布鲁纳、奥苏贝尔、加涅、马斯洛、罗杰斯等人。

3.2.2　学习理论在音乐学习上的运用

3.2.2.1　音乐学习的态度——动机的激发与保持

动机是驱使人们活动的一种动因或力量，包括个人的意图、愿望、心理的冲动或企图达到的目标，等等。动机的功能大体来说有两种：一是唤醒功能，就从事某一活动来说，具有适当动机的人和不具备适当动机的人相比，其唤醒水平要更高，注意力更集中；二是指向功能，在动机推动人活动时，这种活动总是具有一定的指向性，即促使人的行为指向某一客体而相应地忽视其他客体。

音乐学习同其他学科的学习一样，需要不断激发学生的学习动机。根据国内外的研究，学生课堂学习的主要动机集中反映在“成就动机”上。“成就动机”一词由美国心理学家默里首先提出，指个人愿意去做、去完成自认为重要或有价值的工作，并力求达到完美的地步的一种内在推动力量。它由三个方面的内驱力构成：认知内驱力、自我提高内驱力、附属内驱力。

就音乐学习来说，认知内驱力是一种指向音乐学习任务本身的动机，是指学生出于对音乐本身的喜爱和兴趣而产生的渴求掌握音乐知识和技能的欲望和要求。一般来说，在幼儿期，由于小孩子非常感性，形象思维能力和好奇心较强，对音乐等艺术学科大多都很喜欢，但这只是潜在的动机力量，即性向。这种潜在的因素要通过音乐实践和学习活动，并在活动中不断地取得成功才能逐渐形成和稳固下来，从而形成一种稳定的学习动机。这种指向音乐学习任务本身的内部学习动机是一种最重要和最稳定的动机，对音乐学习起很大的推动作用。历史上的伟大音乐家的成功无不受到这种强大的内部学习动机的激励。培养学生对音乐的兴趣与爱好，激发与保护好学生音乐学习的动机和热情，更是音乐教育的主要职责之一。

自我提高内驱力是指个体通过自己的音乐学习而具备了一定的音乐才能，使自我实现、价值体验和尊重的需要得到满足。比如，学生能够熟练掌握一件乐器的演奏技巧，就会得到在许多音乐活动场合表演的机会，在表演后如果得到音乐教师、父母的赞扬，同学的羡慕、钦佩和尊重，那么他今后学习音乐的积极性必然会更高。自我提高内驱力与认知内驱力不同，它不直接指向音乐学习任务本身，而是把音乐学习方面取得的成就看作赢得一定地位和自尊心的根源，是一种外部动机。

附属内驱力是指一个人想获得自己所附属的长者（如家长、教师）的赞许和认可，取得应有的赏识的欲望。也就是说，学生在音乐学习上的努力是为了从长者那里得到赞赏和认可。

一般来说，音乐学习的动机都受到前面提到的三种内驱力的影响。动机犹如一种催化剂。可以使学生在学习过程中不断努力，注意力集中。但动机过强，也会使人激动、忙乱而影响思维。因而，在音乐学习活动中对学生要求过高，或是频繁地组织音乐比赛和竞争，会适得其反。

3.2.2.2 音乐学习的方法——知识、技能的获得、巩固和提高

1．音乐知识的习得

音乐基础知识的掌握是音乐学习的一项主要内容与任务。一般来说，音乐知识的学习过程可分为四个阶段，即选择阶段、理解阶段、保持阶段和应用阶段。

选择阶段，是指学生对教师教授的音乐教材中的内容引起注意，除了聆听以外，还有意识、有选择地运用视、触、嗅知觉进行感知的阶段。这一阶段是知识学习的定向阶段，关键在于激发学生学习知识的积极性和主动性，引发其注意。

理解阶段，是指学生逐步认识音乐基础知识内容的本质和规律的一种思维活动。对音乐基础知识的理解，主要是让学生弄清构成音乐的基本要素和音乐的基本组织形式，了解基本的音乐常识和一些简单的音乐史、作曲理论知识。对这些知识内容的理解可以提高学生的音乐基本素养，增进其音乐感受力。

保持阶段，是指在学习音乐知识的过程中对音乐教材中的音乐知识内容的持久记忆。心理学家认为，记忆的保持与遗忘是矛盾的两个方面，为了保持对知识的记忆，就要研究记忆的基本环节和遗忘规律。艾宾浩斯的研究表明：遗忘的进程是不均衡的，在识记的最初一段时间遗忘较快，后来逐渐变缓，并稳定在一定的水平上，即遗忘的规律是“先快后慢”。根据这一规律，在指导学生记住一些复杂的音乐知识或一些著名的音乐片段的时候，应采取合理的记忆方法，克服遗忘。

音乐学习是一种实践性极强的学习活动。学生学习音乐知识的目的就在于能够将其灵活地运用于表演、创作与欣赏等各项音乐活动中。因此，对于所学得的音乐知识的应用阶段是音乐学习的一个最重要的阶段。只有学生真正会结合自己所学的音乐知识进行音乐表演、创作和欣赏，才可以证明其确实学习了音乐。

2．音乐技能的训练

音乐技能的学习可以划分为三个阶段：定向阶段、分解与整合阶段、协调

完善阶段（熟练阶段）。

定向阶段，是指将组成某种音乐技能的活动方式反映到学习者的头脑里去而形成定向的印象，并使这种印象在练习和运用中能起到指引方向的作用。在学习初期，学习者必须通过指导者的示范、讲解和学习者的观察思考，来了解学习活动的结构，包括某种技能的有关知识、性质、功用以及动作的成分、顺序、难度、要领、注意事项，等等，以建立起动作的定向基础。这一阶段的主要特点是练习者基本了解了一定的音乐技能的要求和特征，注意和记忆的紧张，动作不稳定、速度慢、不协调，错误和多余动作多。

分解和整合阶段，是指在形成音乐技能动作印象的基础上，初步掌握了一系列局部动作，并开始将这些动作整合联系起来，但各个动作结合得不紧密，常出现短暂停顿的阶段。音乐技能的学习活动，通常都由相关联的一系列动作构成。因此，学习时不仅要注意学会多个动作及其合理的执行方式，更要学会动作之间的合理联结。动作整合，主要要求学习主体确立好动作系列的执行顺序，进而形成动力定型，使整个活动方式一体化。在这个阶段，学习者的注意和识记的紧张有所降低，错误动作减少，多余的动作趋于消除。其主要特点是技能的局部动作逐渐被综合成更大的单位，最后形成连贯的技能整体。

协调完善阶段（即熟练阶段），是技能形成的最后阶段。这个时期，各个动作已联结成一个有机的整体并且巩固下来，做起来得心应手，形成了“自动化”。练习者的动作不仅具有连贯性、整体性，还具有相当的灵活性和简易性。多余动作和紧张状态已经消除。这一阶段的主要特点是可以根据情况的变化，灵活迅速而准确地完成动作，并能够分配注意力，同时完成其他活动。

3.3　音乐教学理论

3.3.1　音乐教学基本原则

音乐教学作为一种音乐学习活动，一般指在学校中音乐教师对学生的课堂音乐教学。音乐教学需要遵循一定的教学原则来进行。所谓教学原则，就是依据一定的教学目标，遵循教学过程的规律而制定的对教学的基本要求。它是指导教学工作的基本准则，是教学原理的具体化，是教学经验的概括和抽象。音乐教学原则是音乐教学得以正确实施的基本保证，是音乐教师为达到一定的教学目的，在课堂教学过程中必须遵守的基本要求。

根据对现代教学基础理论的研究，通过对音乐教学的实践经验、音乐自身的教学规律的探索，我们认为，音乐教学的基本原则有五种。

3.3.1.1 音乐本位原则

音乐本位原则指在音乐教学过程中自始至终将音乐置于音乐教育的中心位置是音乐教学诸原则中的主导性原则，是最重要的一个基本音乐教学原则。贯彻这一原则时要注意以下几方面：

1. 明确教学目标。音乐教学的教学目标，是提供给学生一个感受、表现、创造音乐的空间，使学生主动参与到音乐实践活动之中，融入音乐，获得音乐审美体验，享受成功的愉悦，提高音乐感受、鉴赏、表现能力，奠定终身学习音乐、享受音乐的基础，从中学习最基本的音乐文化，而不是单纯传授音乐知识、技能和技巧。

2. 明确和理解音乐主要教学过程不是认知—逻辑的过程，而应该是情感—体验的过程。

3. 选择适宜的教学内容。从实际教学中解决音乐教学的非音乐化、非审美化的问题，反对强制性的专业化教育，还给学生自由享受音乐的权利。

4. 教学方法和手段的选择多样而恰到好处。丰富多彩的教学方法和现代化的教育技术，当然是完成音乐教学任务的重要保证，也是音乐教学现代化的一个标志。但是我们必须明确，使用现代化教育技术只是音乐教学的辅助手段，而不是目的。在音乐教学中，要突出音乐学科的教学特点，突出音乐性，要以音乐为本。

3.3.1.2 协同融合原则

基础教育课程改革以后提倡融合式、综合化的教学，讲究课程整合。作为实施美育的重要途径之一的音乐教育更应体现美学的融合原则，以审美活动为中心，按照美的规律运转起来，从而实现音乐教育的协同效应，达到一种整体效果。

融合式教学是多层次的。第一个层次是音乐教学领域内部的融合，即诸如创作、欣赏、器乐、音乐基础知识和识谱记谱教学等的融合。第二个层次是音乐艺术与舞蹈、美术、戏剧等其他姊妹艺术形式的多种融合。第三个层次是音乐课程与其他非艺术课程的融合。第四个层次是音乐课堂教学与课外音乐活动、校内音乐教育与社会音乐教育及家庭音乐教育的融合。贯彻这一原则时要注意以下几个方面：

1. 要注意发挥音乐教育的协同效应。音乐是人类历史文化的重要组成部分，是人文学科的重要领域，因而，在音乐教学中，要加强音乐与其他学科的联系。通过在教学中的有机融合，把上述各个方面的内容充分、恰当地结合起来，以发挥各方面之间协调、同步、合作、互补的作用，逐渐形成符合当代世界多元化文化发展的态度、行为，为参与社会生活和工作作好准备。

2. 保持全局观念。在音乐教学中，经过融合后，各科各部分内容之间的界限不再明显清晰，但是，各科各部分内容的个性和侧重点是无论如何不可以抹杀的。教师在教学时，必须有全局观念，认识到自己所教的内容是同一个整体的不同部分，使它以恰当的比例与其他部分融合交叉，以达到一种整体的效果。

3. 对教师素质要求的提高。融合式教学以审美活动为中心，把教学转变成即兴的和具有审美趣味的活动，调动了学生积极性和参与意识，激发了学生的表现欲望。教师的角色也转换为咨询者、指导者和顾问。但这并不意味着降低对教师素质的要求，相反，对教师的素质要求更高了。融合式教学要求教师有驾驭全局、把美学原则贯彻到各部分教学活动中的能力，有即兴找到活动最佳方式变通的能力，并要求教师成为多面手，掌握多方面的知识。

3.3.1.3　创造发展原则

发展学生的创造性思维，重视教学的发展作用，是现代教学论的中心课题之一。21 世纪，如何培养中小学生创新意识、创新精神和创新能力，是推进素质教育的一个焦点。因此，音乐教学应以创造发展为原则，不断提高学生的创造想象能力和创造性思维水平。贯彻这一原则时要注意以下几点：

1. 更新教学观念，提高对音乐创造性教学的认识。教师要明确地意识到，每个学生都有音乐创造的潜能，人在音乐方面的创造潜能远未得到充分的发挥。只有音乐教师更新观念，创造条件鼓励、支持和引导学生积极开展音乐创造性活动，音乐课程的创造性价值才会真正得以实现。

2. 创造良好的、能够激发学生创造积极性的氛围。要做到这一点，音乐教师必须充分尊重学生的创造与发展的权利，承认并维护学生在音乐方面个性发展的差异，为学生在音乐方面的学习和自由发展创造宽松的时空环境和融洽的人际关系环境。教师既要鼓励学生敢于思考，敢于发表与众不同的意见，注意发现、调动学生的积极因素，充分发挥他们的想象力和创造力，又要善于诱导，善于激发学生学习音乐的兴趣，引起他们的好奇心、求知欲，发现肯定他们的创新点，帮助学生跨越创造中的层层障碍。

3．全面提高教师的素质。贯彻创造发展的教学原则，并不是放任自流，听任学生"随意自由"发展，而是在教师的主导辅助下使学生向正确的方向创造发展。以创造性发展为原则的教学，学生的思想必然会得到解放，课堂气氛也会十分活跃，这就要求教师必须具备广博的音乐知识、深厚的艺术修养、一定的音乐表演能力和高超的驾驭课程的教学艺术，否则课堂教学会难以控制，教学秩序也会陷入混乱。

3.3.1.4　情感体验原则

音乐教育是一种审美教育，审美教育在形态上具有体验性、自发性和主动性，其教育过程又侧重于情感—体验过程，因此，在音乐教学中，坚持体验性，使音乐审美教育始终具有独特的感情色彩，便成为音乐教学的重要原则之一。另外，重视教学情感因素的作用，注意教学与心理的联系，是现代教学论发展的总趋势，是 20 世纪人本主义课程取向的主要特点，对于培养全面发展的人才有着十分重要的意义。

对于这一原则的实践，应注意激发培养学生对音乐学习的兴趣，培养学生高尚、健康的审美理想和趣味，并使学生内在的审美情感体验不断深化。贯彻这一原则时要注意以下几点：

1．采取多种手段，培养学生的音乐学习兴趣。兴趣是最好的老师，是人们跨进艺术殿堂的敲门砖。培养兴趣的主要渠道是环境的熏陶和影响。对于大多数的中小学生而言，接触音乐是为了娱乐和消遣。许多青少年更喜欢节奏明快、富有动感、感情丰富、易懂、易学、易唱的作品，加之社会大众传播媒介的影响和作用，青少年群体间的相互影响，以及他们生理、心理的变化，使中小学生与高雅的音乐产生了一定的距离。音乐教学要抓住受教育者生理、心理的发展特点，掌握施教的分寸，以创造出良好的音乐教育环境。成功的音乐教学是一种美的享受，但并不是所有的音乐课都能引起学生的兴趣，只有教学内容难易适中，教学形式生动活泼，教学方法富有新意，才能唤起学生对音乐学习的兴趣，从而进一步形成稳定的态度和兴趣感，产生终生享受音乐的态度。

2．抓住重点，深化受教育者的审美情感。情感体验的关键是亲身去感受、体会。在音乐教学中，要抓住"听"这个重点，倾听，倾听，再倾听。通过不断倾听音乐，拨动学生的心弦，提高他们的音乐鉴赏力和审美体验、判断的能力。在教学中，还要充分而适当地发挥通感的作用，引导其有意义地想象。音乐教学选材要符合学生年龄阶段的生理、心理特征，要注意选择艺术精品，使学生尽可能接触各个不同历史时期、风格流派的典型代表作品，以扩大他们的视野，从多方面提高他们欣赏音乐的素质。

3．注重提高学生情感的外化能力。在歌唱教学中应注意引导学生有表现力、动情地歌唱，把歌曲的感情化为自己的心声；在器乐教学中，应注意引导学生理解作品丰富的内涵，使每次表演都有新的感受与不同的处理和发挥；在创作教学中，应引导学生根据音乐描写的意境，把感受到的音乐的情绪、速度、节奏、力度以即兴的形式或以乐谱的形式表现出来；等等。

3.3.1.5　主动参与原则

音乐作为音响的艺术、时间的艺术，一切的情感体验都在于自身的参与感受。在音乐教学中，活动是知行协调的过程，是学生身心协调地成长、发展各种能力、学习各种知识和技能、形成积极的态度的最重要、最自然、最有效的途径。音乐教学的具体方法千姿百态，但总体而言，都是以“活动”为中心。因此，面向全体学生，调动所有学生的学习积极性，使他们主动参与一切音乐活动是音乐教学的基本原则之一。贯彻这一原则时要注意以下几个方面：

1．面向全体学生，注重音乐教学过程的审美愉悦性。音乐教育的权利是所有的学生都享有的，音乐教学必须为每个学生的主动参与和成长发展提供平等的机会。教师在音乐课堂上应利用音乐艺术的魅力吸引、感染学生自觉、主动地在轻松愉快的氛围中参与音乐活动，使每一个学生都能感觉到学习音乐的幸福和成功的愉悦。

2．提供更多、更丰富的参与音乐活动的方式。国外著名的音乐教育体系在音乐教学中强调结合学生已有的生活经验，从自然节奏入手，以语言、动作、舞蹈、表演、音乐游戏等方式训练学生的音乐节奏感，引导学生用自己的身体动作去解释、再现音乐。这些方法好就好在以极其巧妙的方式将学生引进音乐学习领域，激发学生学习音乐的浓厚兴趣，令其着迷、沉醉。我们在音乐教学中，要鼓励学生动起来，让学生从集体到个人、从局部到全身随音乐而动，从中体验到音乐的美。

3．创造良好的音乐环境。当代优秀的音乐教育体系（如铃木教学法）提倡要使孩子从生下来就处于良好的音乐环境中，处于优美的乐声包围之中，进而发展音乐方面的才能。设置良好的音乐活动环境，创造条件让儿童亲自去感觉、接触音乐作品，亲身去参与音乐活动才是最有效的音乐教学。

4. 引导学生正确认识音乐基础理论知识、技能与音乐实践活动的辩证关系。在音乐活动中，使学生体会到音乐实践活动是学习音乐基础知识和掌握音乐技能、技巧的基础，而掌握了音乐基础知识和技能、技巧，又可以更好地进行音乐实践活动。

5. 创造多种多样、丰富多彩的音乐实践活动形式，激发学生的音乐学习兴趣，使学生自觉地把学到的音乐知识和技能、技巧运用于表演、比赛、创作等音乐实践活动中，使学生的音乐才能得到发展。

3.3.2 发展性音乐教学策略

教学策略是教学理论和教学实践紧密结合的产物，是指建立在一定理论基础之上，为实现某种教学目标而实施的教学实施规划，其内容包括选择合理的教学方法，确定适合学生的教学材料，设计合理的教学活动或行为的程序和手段等。

自 2001 年国家基础教育课程改革后，中小学的音乐课程观发生了很大的变化。音乐教师把音乐教育的视角从教材转向学生，从单纯的音乐知识与技能的传授转向学生全面素质的培养，更关注学生学习兴趣的激发与保持、交流合作能力的提高、人文素养的建构以及创新精神和音乐表演及实践能力的增强。

音乐课程观的变化及音乐教育视角的转移自然引起了音乐教师的学生观、教材观、课堂教学观以及学生评价观的彻底更新。对于音乐教师来说，学生不再是“容器”。不再是被加工的“产品”，而是自主、有个性的学习者；教材不再是音乐教学唯一的文本依据，而是师生相互交流、对话、学习、发展和学生音乐能力培养的中介；课堂不再只是音乐知识与技能的传授，而是学生音乐潜能转化生成实际能力的过程；评价不再只是考试，而是促进师生共同进步发展的手段之一。

这些观念和思想作用于具体的音乐教学实践，即产生了与之相适应的新的音乐教学策略——发展性音乐教学策略。

发展性音乐教学策略并不是具体的音乐教学方法的规定，而是在音乐教学的过程中，音乐教师在以促进学生整体、全面发展的教育理念指导下，依据特定的音乐教学情景，合理化选择、安排、处理各教学内容、教学环节、教学步骤、教学方法和手段的工作方式。它具有如下特点：

1.音乐教学目标的层次性和操作性。即根据教学对象和教学情景的不同，设计相应而切实可行、有促进性的目标内容。

2．教学模式的多元综合即不拘于某一固定的音乐教学程式，结合各种音乐活动，引导学生体验、发现与创造音乐；运用情景陶冶、合作交流等多种模式，引导学生进行审美体验与想象，寓教于乐；在音乐活动中使学生掌握音乐知识和技能，鼓励音乐创造。

3．承认差异，允许个性，满足学生不同的发展需要。将集体学习、小组讨论与合作、个别辅导等师生间的合作交往活动有机结合。

4．教学氛围宽松自由，教学活动生动活泼，教学过程整体优化。

第 4 章　音乐课程目标和教学目标

4.1　音乐课程目标

对于“课程目标”这个概念，有很多种定义和理解，其中包括广义的和狭义的。从广义上来看，课程目标是国家培养人才的目标的具体体现，是课程编制、课程实施和课程评价的准则和指南。而我们在这里讲的课程目标，主要是指某一门课程的培养目标，是课程标准的主体部分。音乐课程目标主要是从音乐教育的角度来规定基础教育阶段学生在完成教学内容的学习后应该达到的最终结果，是基础教育音乐课程标准的主体部分。音乐课程目标主要包括两个主要内容：总目标和学段目标。

4.1.1　音乐课程总目标

对于一个没有多少教学经验的教师来说，了解音乐课程总目标对于提高教学水平是必不可少的。因为无论是有经验的教师还是没有经验的教师，在教学准备阶段都会首先考虑两个问题：为什么要教和教什么。在这里，为什么要教，指的是教学目标；教什么，指的是教学内容。教学目标是课程总目标的任务分解，是课程目标的具体化。因此，要想使教学避免盲目性，就必须了解课程总目标，理解课程总目标，尤其是能够做到用课程总目标来自觉地指导教学实践。只有这样，才能使自己的教学达到一个比较高的层次。

如果我们从课程目标的功能的角度来研究课程总目标，就会发现，教学总目标还影响着学生学习的态度、价值取向以及学习的方法和过程。

我国基础教育的音乐课程标准是这样表述音乐课程总目标的：学生通过音乐课程学习和参与丰富多样的艺术实践活动，探究、发现、领略音乐的艺术魅力，培养对音乐的持久兴趣，涵养美感，和谐身心，陶冶情操，健全人格。学习并掌握必要的音乐基础知识和基本技能，拓展文化视野，发展音乐听觉与欣赏能力、表现能力和创造能力，形成基本的音乐素养。丰富情感体验，培养良好的审美情趣和积极乐观的生活态度，促进身心的健康发展。

在课程标准中，分三个层次对总目标进行了描述，分别是情感态度与价值观、过程与方法、基础知识与基本技能，简称为三维目标。

4.1.1.1　情感态度与价值观

在传统教学中，由于传统课程过于注重知识的传授，忽略了对学生的积极主动的学习态度的培养，忽略了学生在学习过程中的情感体验，因此，学生随着知识的增长，成绩的提高，感情却越来越冷漠，学习的热情越来越消退。新的课程改革理念提倡培养学生积极主动的学习态度，把学生获得知识与技能的过程同时变成学会学习和形成正确价值观的过程。所以，音乐课程标准，在情感态度与价值观、过程与方法、知识与技能这三维目标中，将情感态度与价值观放在了突出的位置。

在情感态度与价值观这个层面上，课程标准从五个方面进行了描述：

1．丰富情感体验，培养对生活的积极乐观态度

音乐学习可以丰富学生的情感体验，使其情感世界受到感染和熏陶，在潜移默化中建立起对亲人、对他人、对人类、对一切美好事物的挚爱之情，进而形成对生活的积极乐观态度和对美好未来的向往与追求。

2．培养音乐兴趣，树立终身学习的愿望

通过各种有效的途径和方式引导学生走进音乐，在亲身参与音乐活动的过程中喜爱音乐，掌握音乐基本知识和基本技能，逐步养成欣赏音乐的良好习惯，为终身喜爱音乐奠定基础。

3．提高音乐审美能力，陶冶情操

通过对音乐作品情绪、格调、人文内涵的感受和理解，培养音乐的欣赏能力，养成健康向上的审美情趣，使其在真善美的音乐艺术世界里陶冶情操。

4．培养爱国主义情感，增强集体主义精神

通过音乐作品中所表现的对祖国山河、人民、历史、文化和社会发展的赞美和歌颂，培养学生的爱国主义情感；在音乐实践活动中，培养学生良好的行为习惯和宽容理解、互相尊重、共同合作的意识，增强集体主义精神。

5. 尊重艺术，理解世界文化的多样性

尊重艺术家的创造劳动，尊重艺术作品，养成良好的欣赏艺术的习惯。通过系统地学习母语音乐文化和不同民族、不同国家、不同时代的作品，感知音乐中的民族风格和情感，了解不同民族的音乐传统，热爱中华民族音乐文化，学习世界其他民族的音乐，理解音乐文化的多样性。

由于情感态度与价值观这一课程目标是随着课程改革提出的新的理念和教学要求，因此有些音乐教师对情感态度与价值观的内涵还不是十分了解。通过上述五点的具体描述，我们能够理解到情感态度与价值观的内涵就是要关注学生的情感世界和精神状态。可以说，学习是一种复杂的过程，学生在学习中，不仅仅获得知识和技能，同时还伴随着方法和过程的感受和学习，以及情感的体验、兴趣的培养和价值观的形成。尤其是音乐学习，由于音乐是一种情感的艺术，在音乐审美的过程中一直伴随情感的参与和渗透，因此，关注学生审美时的情感体验、学习过程的感受，在音乐教学中就显得尤为重要。在上述五个方面中，情感体验和兴趣培养属于情感态度范畴，其他三方面属于世界观范畴。

每首音乐作品都有自己的特点，教师应该根据作品的特点来进行教学设计。像《不再麻烦好妈妈》这样的作品，情感特征很浓，教师在教学中应该挖掘作品的情感因素，精心设计，将学生对母亲的爱表达出来，使教学在浓浓的亲情中进行。在这样的氛围中学习，对学生的情感会起到潜移默化的影响，德育渗透就会收到“润物细无声”的效果。

还有一个非常值得注意的方面，那就是要在音乐的体验和感受过程中培养学生的情感态度与价值观。音乐课的教学应该把音乐性放在首位，以审美为核心来进行教学，否则，教学就会失去学科特点，审美教育就会大打折扣，情感态度与价值观的培养就会失去分量，甚至还会引起学生的反感。

需要强调的是，情感态度与价值观是伴随着学习过程发生的。在传统教学中，并不是没有情感态度与价值观的发生，只不过我们不太关注。课程改革的出发点是对人的关注，对人的全面发展的关注。因此，教学中不仅要关注基础知识和基本技能的学习，更要关注学生在学习时候的感受以及态度与价值观的形成与变化。

4.1.1.2 过程与方法

在由情感态度与价值观、过程与方法、知识与技能这三个维度组成的教学目标中，过程与方法同样具有不可替代的地位。在传统教育中，由于过于注重知识结果的传授而忽视了学习的过程与方法，从而使音乐教学失去学科特点。

其实音乐学习是最需要过程学习的。所以，精心设计教学过程，在过程中注重学习方法对学生的影响，让学生在探究中学习，在实践中学习，这些对于新课程的要求来说特别重要。

在过程与方法这一教学目标中，义务教育音乐课程标准提出了以下五方面的具体建议：

1．体验

完整而充分地聆听音乐作品，在音乐体验与感受中，享受音乐审美过程的愉悦，体验与理解音乐的感性特征与精神内涵。

2．模仿

通过亲身参与演唱、演奏、编创等艺术实践活动，并适当地运用观察、比较和练习等方法进行模仿，积累感性经验，为音乐表现和创造能力的进一步发展奠定基础。

3．探究

培养学生对音乐的好奇心和探究愿望，重视自主学习的探究过程，使学生能够积极参与以即兴式自由发挥为主要特点的探究与创作活动。

4．合作

在音乐艺术的集体表演形式和实践过程中，能够与他人充分交流、密切合作，不断增强集体意识和协调能力。

5．综合

通过以音乐为主线的艺术实践，渗透和运用其他艺术表演形式和相关学科的知识，更好地理解音乐的意义及其在人类艺术活动中的特殊表现形式和独特价值。

以上这五点建议对于音乐的全部教学具有方法上的指导意义，例如聆听音乐、激发想象、动作模仿、集体合作，等等。但是，这些建议并不代表音乐学习的具体方法，它只是一个思路和建议，在具体教学中还要依靠教师的才智进行创造性的实践。

对方法的理解，应该有两个方面：一个是教师的教学方法，另一个是学生的学习方法。教师在教学中应该具有创造性，学生在教师具有创造性的教学中学习到方法，教师才能够达到“授之以渔”的教学目的。学生在教师的引领下，也应该根据自己的学习特点探索学习方法，而不是仅仅注重学习的结果。

在实际教学中，过程与方法必须是建立在基础知识与基本技能的平台上，这样的过程与方法的设计在教学中才不会脱离教学内容，才会促进教学。

4.1.1.3 知识与技能

基础知识与基本技能被简称为“双基”。基础知识与基本技能是学生未来发展的基础，是个人能力形成的基础平台，也是基础教育教学中的重要内容。

自从课程改革以后，许多音乐教师对音乐基础知识与基本技能都讳莫如深。其实，基础教育的特点就是基础性，而基础知识和基本技能是这个基础性的“内核”。课程改革不是要摒弃基础知识与基本技能，而是需要改革基础知识与基本技能的教学方法，要在基础知识与基本技能的学习过程中关注情感态度与价值观以及过程与方法的教学。

什么是属于音乐学科的基础知识与基本技能？学生需要掌握哪些知识与技能才能够有利于学生今后的发展？这些都需要经过教师的思考和审视，而不是凡是音乐基础知识和基本技能都要求学生掌握。基础教育的基础性还体现在它要求普及化而不是专业化，是培养具有良好艺术素养的人才而不是培养艺术家的教育。

音乐课程标准对基础知识和基本技能从以下三个方面进行了概括和说明：

1．音乐基础知识

学习并掌握音乐基本要素（如力度、速度、音色、节奏、节拍、旋律、调式、和声等）、常见结构、体裁形式、风格流派和演唱、演奏、识谱、编创等基础知识。

2．音乐基本技能

学习演唱、演奏、创作的初步技能，能够自信、自然、有表情地演唱歌曲和演奏课堂乐器，了解音乐创作的基本方法。在音乐听觉感知基础上识读乐谱，在音乐实践活动中运用乐谱。

3．音乐历史与相关文化知识

了解中外音乐发展的简要历史和有代表性的音乐家，初步识别不同时代、不同民族的音乐。认识音乐与姊妹艺术的联系，感知不同艺术门类的主要表现手段和艺术形式特征。

教师要理解和熟记这三个方面的要求，在教学设计过程中，对于基础知识和基本技能这一维度的编写要以此为重要依据。

对于基础知识与基本技能的学习，教师要以新的课程改革理念指导具体的教学。基础知识的学习与基本技能的训练不能脱离音乐学科学习的特点，不能违背音乐学科教学的规律。要在音乐实践中学习，不能脱离音乐进行枯燥的训练。

4.1.1.4 音乐课程标准中的三维目标的关系

课程改革后，已经很少有人探讨“双基”教学这个问题了。因为在一部分人的心目中，“双基”是和落后的教育观念等同的，在这个时候提“双基”教学，似乎不合时宜。当然，这样的想法不仅仅存在于我们音乐学科的科研和教学领域，其他学科也同样存在这样的观点。那么，课程改革后的音乐教育，应该怎样认识“双基”教学呢？

1.“双基”教学的功与过

我国“双基”教学起源于20世纪50年代，在20世纪60年代正式形成。“双基”教学的主要特点是强调打好基础，在具体操作中重视基本知识的记忆、基本技能的熟练掌握。因为“双基”教学的教学行为发生在基础教育领域，而基础教育的任务就是打基础，再加上久远的历史教育传统、苏联教育的影响和应试教育的“肥沃土壤”，基础教育中的“双基”教学可以说早已深入人心。在过去的半个世纪里，“双基”教学撑起了传统教育的一片天空。尤其在数理化等学科上，在广大教师的共同努力下，“双基”教学积累了丰富的经验，使我国学生扎实的学科基础赢得了国外同行的一致认可。

课程改革以后，人们对“双基”教学的认识产生了重要分歧。一部分人认为“双基”教学在我国当时落后的教育水平形势下，迅速提升了我国的教育教学质量，并在长期的教学实践中，逐渐发展成一种具有中国特色的教学模式，今后要不断地发展和完善“双基”教学理论。他们认为基础知识和基本技能从终身学习的角度上说是非常重要的，没有基础知识和基本技能的铺垫，人的能力就不会获得更好的发展，而传统的“双基”教学也并非不重视学生能力的发展，“双基”教学主张的是在掌握基本知识和基本技能的基础上，谋求学生的发展，力求在课堂教学中获得基础和发展的平衡。另一部分人则认为，“双基”教学是通过灌输使学生获得知识，通过机械训练使学生获得基本技能。学习过程中强调的是教师的主导作用而忽视了学生的主体地位，教师在教学中很少考虑学生在情感和情趣上的需要，学生不是积极主动地参与到课堂的教学中，而且所谓基础知识的许多内容都远离生活，学生习惯于接受知识而不擅于知识的创新。

以上两种观点基本代表了当前人们对“双基”的评价。不管人们怎样评价“双基”教学，有些学科，基本知识自成体系，基本能力不管采用什么样的方法，也是有一定的效果的。也就是说，“双基”教学有“功”“过”相当。但音乐学科情况却有些不同。

在传统教学中，音乐学科的“双基”一直没有取得像其他学科那样的成就。

就拿识谱来说，传统音乐教学是非常重视识谱教学的，许多教师都想通过学生识谱能力的提高而使学生的音乐能力得到全面的提升，但在课堂上能成功地解决学生识谱能力的教学案例少之甚少。由于在传统音乐教学中“双基”教学效果的不尽如人意，致使一部分人认为过去的教学大纲要求过高，认为学生在基础教育阶段没有必要学习过多的音乐基本知识，作为音乐能力中的重要能力之一的识谱教学也没有必要进行，只要把学生学习音乐的兴趣调动起来，基础教育中的音乐教育就算完成任务了。

那么，失去了“双基”的音乐课现在变成了什么样呢？我们在音乐教学课堂上能经常看到的情况是：课堂追求形式而没有内容；学生活动得热火朝天却没有留下什么可回味的东西；学生尝试创新却没有什么深度；学生想要表现却没有表现时所应具备的基本能力。这样的音乐教育局面使很多教师感到疑虑：课改以后，音乐课真的不需要“双基”了吗？

我们听听美国的同行是怎样认识这个问题的。美国的基础教育的改革已经持续了 20 年，社会各界对艺术教育达成的共识是：缺乏基本的艺术知识和技能的教育绝对不能称为真正的教育。我国的音乐教育专家也明确指出，缺乏音乐基础知识和识谱记谱技能的教育不能认为是良好的音乐教育。看来，中外对音乐教学中的基本知识和基本技能都有明确的认识和充分的肯定。同时，作为音乐教学依据以及管理与评价基础的音乐课程标准，在其教学总目标中，明确地将知识与技能作为教学目标之一，并提出了具体明确的要求。在音乐基础知识上，课标指出要“学习和了解音乐基本表现要素（如力度、速度、音色、节奏、旋律、和声等）和音乐常见结构（曲式）以及音乐体裁形式等基础知识，有效地促进学生音乐审美能力的形成与发展”；在音乐基本技能上提出要“培养学生自信、自然、有表情地歌唱，学习演唱、演奏的初步技能，在音乐听觉感知基础上识读乐谱，在音乐表现活动中运用乐谱”。可以看出，音乐课程标准不仅没有提出淡化“双基”教学的要求，还提出了具体的目标，并且指出了音乐教学实践的方法和方向。所以，那种认为课程改革以后音乐课就不需要“双基”教学的想法其实是对课程改革的一种误解。

但是，音乐学科的“双基”教学又不能回到课改以前的老路上去。因为多年的音乐教学实践已经证明，传统教育中的音乐“双基”教学，虽然经历了很多音乐教师的实践和摸索，但由于当时教育观念的局限以及对音乐教育特点的认识不足，导致传统教育中的音乐“双基”教学并没有可以借鉴和推广的成功经验。所以，当前的音乐学科教学要以音乐课程标准为指导，重新构建符合音乐学科自身特点和教学理念的“双基”教学模式。

2.“三维目标”赋予音乐“双基”教学新活力

“三维目标”是教育改革提出的重要内容。三维目标给基础教育教学带来的最大变化就是改变了过去以“双基”教学为主要内容的一维目标，增加了二维目标“过程与方法”和三维目标“情感态度与价值观”。三维目标的提出，体现了“一切为了学生的全面发展”的全新教育理念，抓住了教育的本质。三维目标并不是割裂的，而是互为关联、渗透包容的整体。不能因为三维目标是通过三个层次和方面来表述，就把三维目标理解为互不相干的三方面内容。

在教学中，可以说，每一个环节、每一个内容都是这三个方面组成的共同体。教师在教学设计中要做到这一点，就要对三维目标的关系有深刻的理解和认识。在这三维目标中，基础知识与基本技能是基础平台，而过程与方法是搭建这个平台的策略保证，在搭建基础平台的过程中，应该融入学生的情感体验、态度的形成、价值观的提升。在学生整个学习进程中，这三维目标应该是相辅相成、在立体构建中螺旋式发展的。简单地说，三维目标的关系应该是以知识与技能为载体，以过程和方法为途径，使学生的情感态度与价值观得到提升。

那么，针对音乐教育教学而言，三维目标会给音乐学科教育教学带来哪些变化呢？课程改革给音乐教育带来了蓬勃的生机，尤其是音乐课程标准的颁布，给音乐教育提供了宽广的实践舞台。音乐课程标准不仅将过程与方法、情感态度与价值观作为教学目标具体提出，还指出：音乐课的教学过程就是音乐艺术的实践过程。因此，所有的音乐教学领域都应重视学生的艺术实践，积极引导学生参与各项音乐活动，将其作为学生走进音乐，获得音乐审美体验的基本途径。但即便有这样的先进教育理念做指导，在我们的音乐教育中还是有一部分人走偏了方向。之所以会这样，主要原因是对三维目标的片面理解而导致的“双基”内容的丧失，于是音乐课就出现了“有形式无内容”、背离音乐本位原则的现象。其实在教学中，过程与方法、情感态度与价值观都是依附在知识的发生和发展过程中的，缺失了知识这个载体，过程与方法、情感态度与价值观目标也就无法实现。但是，如果我们在教学中，仅仅关注知识与技能而忽视过程与方法、情感态度与价值观的形成，我们的音乐教育就又回到了老路上去了。

那么，在三维目标统摄下的音乐教学应该怎样实施呢？

首先，教师要建立新的知识观。对于知识的认识，现在人们的观念已经发生了很大的变化，正是这样的变化，才有了今天的教育改革。新的知识观认为知识是一个动态的发展过程，是主体在实践的基础上对无限发展着的客观世界的动态认识。所以，新的知识观要求教师要关注学生学习知识的过程以及知识的生成过程，要关注知识对学生今后发展可能产生的影响，要对教材中的知识重新认识和整合，让学生“择其要而学”；要求教师不要拘泥于教材而在必要时补充学生所必需的知识。其次，要让知识贴近生活，让知识鲜活起来。在新的音乐教育教学实践中，教师不仅要挖掘教材中的知识，还要审视、补充教材中的知识。再次，要让学生在体验和实践中进行音乐的学习。对于音乐的学习，只有通过体验和参与，才能形成悟感和情感，才能形成知识的内化和提高审美能力。而体验和参与是需要过程的，这个过程就是实践过程。但我们又不能因为强调了过程与方法就忽视了知识与技能这个过程与方法可能发生的基础平台。最后，情感态度与价值观不是依靠传授获得，而是在过程与方法中形成，在知识与技能的发展过程中得到提升的。音乐教师要根据音乐学科的特点，注重教学情境的创设，关注学生的学习兴趣，不断进行教学创新，努力实现知识传承、能力发展与价值观形成的统一。

广大音乐教师，如果都能深刻理解三维目标的内在关系，并把新的教学理念努力兑现于实际教学之中，不断地实践和创造，那么我们的音乐教育教学一定会有质的飞跃。

4.1.2 音乐课程学段目标

音乐课程标准是音乐课程的总目标，音乐课程的不同学段又有各自不同的目标。不同年级的学生由于年龄、认知能力的不同，在学习过程中差异是很大的。为了使课程目标在指导教学中更加具体，更加有利于教学，根据学生的年龄特点和认知能力，将九年义务教育分为三个阶段，也称为三个学段。针对这三个学段，课程标准制定了详细的学段目标。

1. 1～2 年级

充分注意学生这一学段以形象思维为主和好奇、好动、模仿力强的身心特点，善于利用儿童自然的嗓音和灵巧的形体，采用歌、舞、图片、游戏等相结合的综合手段，进行直观教学。聆听音乐的材料要短小有趣，形象鲜明。具体目标如下：

①激发和培养对音乐的兴趣。

②开发音乐的感知力，体验音乐的美感。

③能自然、有表情地演唱，参与其他音乐表现和即兴创编活动。

④培养乐观的态度和友爱精神。

2. 3～6 年级

随着生活范围和认知领域的进一步扩展，学生的体验感受与探索创造的活动能力增强。注意引导学生对音乐的整体感受，丰富教学曲目的体裁、形式，增加合唱、乐器演奏及音乐创造活动的分量，以生动活泼的教学形式和艺术的魅力吸引学生。本学段 5～6 年级部分学生进入变声期，应渗透变声期嗓音保护知识。具体目标如下：

①保持学生对音乐的兴趣。

②培养音乐感受与欣赏的能力，初步养成良好的音乐欣赏习惯。

③能自信、有表情地演唱，乐于参与演奏及其他音乐表现、创造活动。

④培养艺术想象力和创造力。

⑤培养乐观的态度和友爱的精神，增强集体意识，培养合作能力。

3．7～9 年级

此阶段学生的生理、心理日趋成熟，参与意识和交往的愿望增强，获得知识和信息的途径增多，在学习上形成自己的初步经验，表达情感的方式较之 1～6 年级学生有明显变化。应通过多种形式的艺术实践活动，巩固和提高表现音乐的基本技能。扩大音乐欣赏的范围，有意识地将音乐的人文内涵融入教学。7～9 年级学生正值变声期，应注意嗓音保护。具体目标如下：

①增进学生对音乐的兴趣。

②提高音乐感受与评价欣赏的能力，养成良好的音乐欣赏习惯。

③能自信、有感情地演唱，积极参与演奏及创造活动，发展表现音乐的能力。

④丰富和提高艺术想象力和创造力。

⑤培养丰富的生活情趣和乐观的态度，增强集体意识、锻炼合作与协调能力。

对于上述三个学段目标，可以通过对比的方法来分析它们的差别。了解各学段的目标特点，对于实际教学具有重要的指导意义。

学段目标的确定不是独立的，而是相互联系的。低年级学段目标的确定要考虑到为更高学段目标的实现做好基础性的铺垫；高学段目标的确定要建立在低学段目标的基础上，并不断地提高和发展。

我国的音乐课程标准是为九年义务教育而制定的。在我国，由于各地区在学制上分别采用了五四制（小学五年，初中四年）和六三制（小学六年，初中三年），因此，在教学中不能以小学和初中这样的划分来确定课程内容。也就是说，都是初一，但是有的学校的孩子可能是六年级的，有的学校的孩子却可能是七年级的。这种差距是很大的，需要教师特别注意。尤其是异地教学，一定要了解清楚学制，否则教学效果会受到很大的影响。因为学段目标的划分是从一年级至九年级，所以要以学段目标为教学依据。

学段目标是课程目标的具体化。各年级教师必须了解所教年级的学段目标，并用学段目标指导和评价自己的教学。一个不了解课程目标以及学段目标的教师，在教学中会出现盲目性和低效性，会影响教学效果和教学质量。对于刚刚走上讲台的教师，更要很好地学习学段目标，理解和掌握学段目标的要求，领会学段目标的教学意图，这对于初教者快速提高教学水平具有积极意义。

4.2 音乐教学目标

4.2.1 新课程教学目标溯源

2001 年 6 月，教育部印发了《基础教育课程改革纲要（试行）》，纲要提出了“知识与技能、过程与方法、情感态度与价值观”这三个维度的教学目标。传统教学中的含混模糊的“教学目的”被具体的“教学目标”取而代之，成为这次课程改革的一个显著特点。这种变化的理论依据是在国际上具有广泛影响的教育目标分类理论。

1956 年，美国当代教育家、心理学家布鲁姆等人的《教育目标分类学第一分册：认知领域》正式出版。布鲁姆的教育目标分类学对教育学、心理学及教育实践产生了巨大的影响。20 世纪 80 年代中期，我国陆续翻译出版了布鲁姆的《教育目标分类学》系列研究成果。随着学习的不断深入，该理论在全国教育领域中产生了广泛的影响，对提高学校教学质量起到了重要的作用。

布鲁姆目标分类理论的基础是以外显行为进行教育目标分类。布鲁姆认为，内心活动可以通过外显的行为表现出来，知识的获得也可以通过相应的行为表现出来。而且布鲁姆认为，外显行为是可以观察测量的。依据这样的理论建立的教学目标就成为具体的、可观测的教育目标。这样，教学目标就可以发挥起指导、调控、评价等作用。而在我国，传统教学中教师用教学目的来指导教学，教学目的反映的只是教师的教学意图，而不是学生学习的实际结果。而且许多教师只关注教学目的的提出，不关注教学目的的落实。教学目标的提出，正好可以解决我国教育教学中存在的这些问题，因此，受到广大教师的欢迎。当然，针对音乐学科而言，在这方面的实践还很少，这会制约音乐学科的教学质量以及科研质量的提高。所以，自觉地运用先进的教学理论指导教学实践，应该成为广大音乐教师教学和科研的一个重要方面，对于布鲁姆的目标分类理论，更应该认真学习和研究。

4.2.2　教学目标的功能

教学目标是教学活动的出发点和最终归宿，具有多方面的功能。

4.2.2.1　导向功能

教学目标指引着教学活动的方向。教师一方面根据教学目的确定课时教学目标，另一方面又根据这些教学目标设计教学活动和实施教学。教学目标不仅制约着教学系统设计的方向，也决定着教学的具体步骤、方法和组织形式。从教学设计到教学评价，从教学过程到教学内容，从教学方法到教学手段，无一不受它的影响和制约。从这个角度来看，教学实际上就是实现教学目标的过程，就像运动员赛跑，从发令枪响的起跑到最后冲刺，都是为了尽快到达终点。所以，教师在整个教学过程中，都要把教学目标当作指引工作的灯塔，要时刻关注教学目标的可能实现情况和实际的实现情况。例如，在教学中，如果我们在教学目标中提出，“通过聆听，学生能够准确辨别乐曲中的木管乐器的音色”，那么，我们在教学中，首先要考虑到在教学过程中安排相应的内容，也就是要让学生听到音乐，尤其是听到木管乐器的音色。为了使学生的印象更深刻，甚至可以让学生看一看乐器实物，模仿一下演奏的姿势。如果条件允许，教师可以让学生尝试着去演奏乐器。现在的音乐欣赏软件很多，软件上既有乐器的图片，还有乐器发出的声音以及这个乐器演奏的乐曲，这都为教学提供了很大的方便。我们在教学中，可以利用这样的教学资源，使教学更加直观、生动，从而能更好地实现教学目标所提出的教学要求。

4.2.2.2　评价功能

教学活动中所进行的各种评价都要以教学目标为依据。因为教学目标是具体的、可观测和考察的，因此，教学中的一切评价都离不开教学目标。过去教学大纲提出的教学目标过于笼统，教师无法根据教学目标来评价教学，教学中的评价随意性很大。作为教师，首先就要学会通过教学目标来评课。遇到公开课或研讨课，首先要看教案，看教案中的教学目标，然后根据教学目标的实现情况对教学进行贴切的评价。这样的评价具体而有高度，而且容易操作和掌握。

例如，如果教学目标中写出“通过欣赏，学生能够准确说出音乐所表现的情感”，那么在教学中就要观察教师是否提供了具体的音响，教学方法是否有利于学生对音乐的情感感受，教师是否提供了让学生表达的机会，学生在表达时能否说出音乐所表现的情感，学生表达得是否准确。最后通过评课人的汇总和综合，很容易就会形成对这一节课的教学评价。

4.2.2.3 调节功能

教师对教学的各个环节都要根据教学目标做即时评价，在评价基础上进行教学调节，这就实现了教学目标的调节功能。教学目标设定在教学发生之前，而教学是一个动态的过程，任何有经验的教师都不可能对教学进行绝对的预测，因此，教学程序的设定、教学方式的选择等一切具体的课堂环节既受到教学目标的制约，又要为实现这一目标而进行相应的调节和变化。教学中的调节，一般都与教师对学生的了解不足有关。由于对学生的实际知识水平的掌握情况以及能力情况了解不足，会使原定的教学设计过程受到阻碍，教学目标无法实现，这时教师改变教学内容、方法或者教学手段，以便最终实现教学目标。当然，随着对学生的主动学习能力的培养的提倡，教学中的“生成”内容可能越来越多，教学的不确定因素增加，因此教师要注意不断修正和调整自己的教学，提高应变能力，以适应教育教学改革的需要。

4.2.2.4 激励功能

教学目标对师生双方都起到一定的激励作用。也就是说，教学目标不仅是教学活动的出发点和归宿，还具有重要的管理职能，即所谓目标管理。所以，有时有必要在上课开始时向学生交代当堂课的教学目标，这样可以激发学生的学习热情，为完成教学目标而共同努力。在过去的教学中，我们在教学开始时，考虑更多的是让课程的导入有悬念，因此，教师在教学开始时，很少会直接告诉学生教学的内容和目标，而是随着课堂教学的进行，教师在一个认为适当的地方点题，然后以板书的方式呈现课题。这样教学设计的好处在于有一定的悬念，学生在好奇心的驱使下，会紧跟着教师的思路进行学习。但是，这样的教学弊端是学生的思维指向不确定，教师与学生在思维上的协调性差。因此，在教学中，要根据不同情况，选择不同的导入方式，要在一定的时机，让学生知道教学目标是什么，通过目标的明确，激励学生努力达到这个目标。

4.2.3　教学目标与教学目的的区别

随着课程改革的深入，广大教师对教学目标这个教学术语已经越来越熟悉了。那么，为什么用教学目标取代传统教学中的教学目的，它们之间有什么不同呢？

课堂教学目标的设计就其本质来讲，是新课程理念指导下现代教学观的具体体现，是现代教学理念和新课程的具体化。由传统的教学目的的确定，到现代教学目标的设计，是课堂教学的一场革命，这一革命以教学目标的设计为导向，从根本上体现课堂教学以学生为主体，关注学生全面发展的改革精神。

目的和目标的主要区别在于，目的是通过某项活动要取得的长远的预期结果，而目标则是通过某项活动要达到的近期效果。在传统的教学设计中，教学目的是教学领域中为实现教育目的而提出的一种概括性的、总体的要求，是教师在教学过程中要完成的任务，它具有根本性、长远性和稳定性。教学目的体现了社会的意志和客观要求，是以指令性的形式表现出来的，带有强制性。而教学目标只是对特定的教学活动起指导作用，由授课教师根据新课程标准要求，在课堂教学设计时制定的绝大多数学生通过学习应该达到的基本要求，它具有现实性、具体性和操作性。教学目标则较多地体现了教学活动主体的要求，带有相当程度的自主性和自由度。从这个意义上说，教学目的是某一历史时期学校教学的规范，不容许随意变更，而教学目标则是一种策略，可以由教师根据需要加以调整、变更，具有较大的灵活性。教学目的与教学目标的不同，其实质就是两种教学观点、教学理念的区别。

4.2.4　如何确定教学目标

落实课程目标是实施新课程的关键，其途径是将课程目标转化成具体的、可操作的课堂教学目标，师生通过一系列教学目标的达成而最终实现课程目标。因此，教学目标制定得是否科学合理，直接关系着整个课程目标的实现。

教学目标的确定，主要依据是课程标准、学生的情况以及学习需要、教学内容和教学条件。

课堂教学目标是课程目标的具体化。因此，音乐教师要对音乐课程标准有整体上的把握。要熟悉教学总目标的要求，熟悉学段目标，对于教学理念要经常学习，温故知新。课堂教学目标的设计是三维的，要明确每一维度的要求，知道每一维度根据特定的教学都应该写哪些内容，并对三维目标之间的关系有一定的理解。将教学中的内容用目标语言描述出来，需要一个学习的过程，刚参加工作的教师开始会不太适应，原因可能是受自身理论水平的限制。因为要将教学内容、过程、方法、手段等教学相关内容变成目标语言，需要提炼、概括。什么样的教学行为应该用什么样的理论术语表述，这需要教师的学习和积累。最好的办法就是多看优秀的教案范例，也可以学习同事的教案，要虚心学习，不耻下问，以使自己尽快地成长起来。

教学目标的设计，离不开对学生的学习需要以及学情的分析。因为只有了解学生想学什么，什么样的知识和能力的获得对学生的今后的发展有利，学生的认知结构和能力是什么样的，才能使教学更有成效，更富有积极意义。所以教学目标的设计一定不能脱离学生实际。

分析教材内容，也是确定教学目标时需要进行的很重要的工作。教师要对教学内容有整体上的把握，要在理解的基础上有自己的见解和感受。教学内容的分析有其特殊性，音乐教学内容大部分都是音响资料，音乐教师要对这些音响资料在熟悉的基础上进行分析。对音乐熟悉的过程其实就是体验和感受的过程，音乐教师首先要对音乐作品有自己的感受，才能在教学设计时找到独特的视角，设计出的教学方式才有创造性，才能在教学中与学生产生情感的共鸣，从而使音乐课达到理想的效果。

4.2.5 如何描述教学目标

一个完整、具体、明确的教学目标应该包括四个要素，即行为主体（教学对象）、行为活动（学生的行为）、行为条件和行为标准（程度）。

行为主体是指学习者或针对的学生类群。在教学目标的设计中，其行为描述的是学生的行为，而不是教师的行为。规范的行为目标描述语开头应是“学生要……”“学生应该……”等。

行为活动是用行为动词描述学生学习后应该获得怎样的知识和能力，以及情感态度的变化，应该用可观察、可测量的行为术语来描述。如“听出、记住、辨别、比较、说出、唱出”等。

行为条件是影响学生学习结果的特定的限制或范围。如“根据音乐……”“欣赏乐曲后……”等。

行为标准是学生达到教学目标的最低表现水准，或衡量标准，用于评测学习表现或学习结果所达到的程度。如“熟练演唱、准确说出”等。

例如，通过对比聆听（条件），学生（对象）能够准确地（程度）分辨（行为）出木管乐器的音色。

4.2.6　教学目标设计中常见的问题

4.2.6.1　教师从主观愿望出发，对教学意图作普遍性的陈述

例如《今天我来当老师》的教学目标设计：

①情感态度与价值观

利用特有的教学方式和有效教学途径引导学生走进音乐、感受音乐、热爱音乐。

②过程与方法

按活动步骤，通过自主、合作、探究、体验、模仿等实践活动，培养学生良好的合作意识和在群体中的协调能力及集体主义精神，真正做到“授人以渔”。

③知识与技能

通过“我来当老师”的活动形式，引导学生有选择地组织复习并扩展本学期的学习内容，在艺术实践和能力锻炼过程中掌握音乐知识与技能，养成自主学习的意识，充分体现“教师带领学生走向知识”的课改理念。

从上述目标看，教师在设计教学目标时，并没有结合具体的教学内容来设计教学目标，也就是教学目标缺乏针对性。这样的教学目标放到其他学科课堂教学中也可以。教学目标是对学生预期学习结果的描述，但上述目标并没有这样的内容，显得空泛、笼统，对教学很难起到积极的作用。

修改后的教学目标：

①情感态度与价值观

通过模仿乐器演奏等，使学生在了解乐器音色的基础上，能够喜欢某种乐器，并能够说出喜欢的理由。

②过程与方法

学生在模仿与组织表演过程中，通过欣赏音乐，能够分辨出西洋管弦乐队中不同乐器的音色。

③知识与技能

通过欣赏，使学生知道管弦乐队中的各种乐曲及其音色，能够围绕音色特点来分析和说出《今天我来当教师》的风格特征。

通过修改，教学目标就比较具体，对教学能够真正地起到导向、评价、激励、调整的目标功能作用。

4.2.6.2 没有从三维目标的角度来理顺和设计教学目标

例如《东北地方戏——二人转》的教学目标设计：

①初步认识中国戏曲的几种艺术表现形式，了解东北地方戏以及二人转唱腔的特点，并通过听、唱、自学等形式学唱二人转小调《小拜年》，培养学生喜欢东北地方戏曲的兴趣。

②充分调动学生的学习兴趣和积极性，引导学生创造性地参与音乐实践活动，提高学生的想象力、创造力和表现力。

可以看得出，第一条是关于基础知识和基本技能的，也涉及方法和过程。第二条主要描述的是情感态度与价值观的，但比较笼统。经过修改，可以写成这样：

①情感态度与价值观

大部分学生能够表达出对二人转的感受和喜欢。

②过程与方法

通过模仿、表演等教学活动来感受和学唱二人转。

③知识与技能

学生自己能够总结出二人转的“说”“唱”“拌”“舞”“绝”等特点。比较准确地演唱《小拜年》。

4.2.6.3 教学目标太大，教学不可能完成教学任务

例如《如今家乡山连山》的教学目标设计：

①通过聆听、学唱爱家乡、爱祖国的歌，激发学生对家乡山村的热爱，从而培养爱家乡、爱祖国的情感。

②启发、引导学生用多种形式，创造性地参与、体验音乐，培养他们的创新思维能力、丰富的想象力，并用欢快热烈的情绪准确演唱、表现歌曲《如今家乡山连山》。

③感受顿音记号在歌曲中的应用，准确演唱二声部。

在实际教学中，这样的目标设计比比皆是。许多教师都觉得这样的目标设计没有什么大的问题，因为教师的意图就是想通过这样的歌曲学习达到让学生喜欢家乡、热爱家乡，进而热爱祖国的目的。但是忽略了一点，那就是课堂教学目标是仅仅指这一节课的，而学生能否喜欢自己的家乡，能否热爱自己的祖国，却需要有一个世界观的形成过程，不是一节课就能解决的。“不积跬步，无以至千里；不积细流，无以成江海”，如果说每节课都是一小步，那我们最

终的目标就是让学生行千里路，但我们不能总是在每节课上都把最终目标写在教案上，而应该把“这一步”的目标设计好，保证学生走好每一步，这样才能最终保证学生走好千里路而不偏出轨道。

对于情感态度与价值观方面的目标设计，由于涉及的都是人的内心活动，所以在进行教学目标的设计时有很大的难度。教师首先要把握住一点，那就是在教学设计时要使内心活动外化。可以通过交流、讨论等互动形式把内心活动表达和表现出来，如表达对家乡的热爱，可以让学生说出家乡的哪一方面让自己最留恋和最自豪。通过表述，就可以了解学生是否喜欢自己的家乡。

第 5 章　音乐课程内容和教材

5.1　音乐课程内容

5.1.1　课程内容选择的基本取向

1859 年，英国哲学家、社会学家、教育学家斯宾塞提出“什么知识最有价值”的著名命题，可以说，是斯宾塞在课程论发展史上第一次明确提出了课程选择的问题。1949 年，泰勒在《课程与教学的基本原理》中，用折中的态度把“学习者的需要”“学科发展”“当代社会生活的需求”并列为课程目标的三个来源，并提出“怎样选择有助于达到教育目标的学习经验”的问题。相应地，当代课程内容的基本取向即“学科知识”“当代社会生活经验”“学习者的经验”。

5.1.1.1　课程内容即学科知识

当课程目标的基本来源主要是学科的发展的时候，学科知识就成为课程的主要内容。历史上形形色色的要素主义教育学者（他们把传递文化要素作为教育的基本使命）、永恒主义教育学者，以及 20 世纪 50—60 年代的结构主义课程论者，都主张“课程内容即学科知识”。即使在今天，世界各国的教育实践依然把学科知识作为课程的主要内容。那么，怎样选择学科知识呢？要选择恰当的学科知识作为课程内容，首先需要在以下几对关系上进行取舍：①学科知识与课程内容的关系；②科学、艺术与道德的关系；③科学与技术的关系；④概念原理的知识与过程方法的知识的关系。其中，有关音乐课程方面，在“科学、艺术与道德的关系”中，科学的价值被日渐强化的过程即科学、艺术、道德日益分离的过程，科学在课程体系中居于绝对支配地位，艺术、道德等课程急剧萎缩，所占比例甚少。更为严重的是，像音乐、美术、文学这些价值领域也被科学所异化，开始变成“规律性”的东西。对此，美国生物学家、课程论专家施瓦布曾这样批评：“在音乐欣赏的教学中，似乎唯一的目的就是辨别交响乐或协奏曲的明确主题，骄傲地说出作品号码和作曲家的名字。音乐演奏的教学目的似乎就是跟得上音符和服从教师关于乐谱的讲解。”

5.1.1.2　课程内容即当代社会生活经验

当课程目标的基本来源主要是当代社会生活的需求时，当代社会经验就成为课程的主要内容。如何认识学校课程与社会生活的关系决定了选择哪些社会生活经验作为学校教育的内容。在课程论发展史上，关于学校课程与社会生活的关系问题有三种典型的观念，即以美国著名课程论专家博比特与查特斯为代表的“被动适应论”，以杜威为代表的“主动适应论”和受社会批判理论、后现代主义等哲学思潮影响而形成的“超越论”。被动适应论认为，学校课程应当以适应当代社会的需要为根本宗旨，教育在本质上是为有效的成人生活作准备，主张将有效率的成人活动转化为课程目标，根据课程目标选择学习内容，学生的学习活动以当代社会生活经验为基本内容。主动适应论认为，个人与社会是互动的、有机统一的，教育与社会是互动的、有机统一的，学校课程不仅适应着社会生活，还不断改造着社会生活。怎样实现学校课程与社会生活的主动适应？杜威认为，学校课程应是“经验课程”，其基本形态是“主动作业”，就是把社会生活中的典型职业（如烹调、缝纫、木工、纺织等）加以提炼概括，使之成为学生在学校中从事的活动。学生在从事“主动作业”的过程中，会不断生成社会情感、社会态度和社会价值观。而超越论认为，既然教育是社会的一种主体，那么学校课程就不是对社会生活经验的被动选择，学校课程有权利和义务在时代精神的建构中贡献自己的力量。学校课程主动选择社会生活经验，并不断批判与超越社会生活经验，还不断建构新的社会生活经验。

5.1.1.3　课程内容即学习者的经验

当课程目标的基本来源主要是学习者的需要时，学习者的经验就成为课程的主要内容。当代教学论流派几乎都强调教学要从学生经验出发这一思想。例如，建构主义教学论原则明确指出：复杂的学习领域应针对学习者先前的经验和学习者的兴趣，只有这样，才能激发学习者的学习积极性，学习才可能是主动的。以学习者的经验作为课程内容需确立以下观念：①学习者是主体，学习者经验的选择过程即是尊重并提升学习者的个性差异的过程；②学习者是课程的开发者；③学习者是知识与文化的创造者；④学习者创造着社会经验。

当前，以尊重学习者的主体意识、呼唤学习者的个性发展的课程价值观是世界各国课程改革的一个重要发展趋势，因此，要求以学习者的经验作为课程内容是一种主导取向。以学习者的经验为核心整合学科知识，整合火热的社会生活实践，是体现时代精神的课程选择取向。

5.1.1.4　三种课程选择取向的关系

其实，无论课程内容、学科知识，还是当代社会生活经验，都只有转化为学习者的经验，才可能成为相应的课程目标。在课程理论发展史上，无论是主张“课程内容即学科知识”的学者，还是主张“课程内容即当代社会生活经验”的学者，很少有人完全否认学习者的经验的重要性。只不过他们认为，学习者的经验只有被塑造为学科知识或适合当代社会生活的需求才是理想的，至于学习者本人的一些直接经验或情感冲动，则是需要改造或替代的东西。同样，课程理论发展史上倡导“课程内容即学习者的经验”的学者也很少有完全否认学科知识与当代社会生活经验的价值，只不过他们认为，所有学科知识和社会生活经验只有学习者自己主动选择并转化为学习者人格发展的需求时才有意义，否则，这些学科知识和社会经验不论被学习者怎样有效接受，终究都会压制学习者的人格发展，而不是发展与解放学习者的人格。

5.1.2　音乐课程内容的构成

课程内容是课程目标的具体化，是为课程目标服务的，它与课程目标密切相关，既是对教师“教什么”的规范，又是对学生“学什么”的规范，同时也是课程实施和课程评价的准则和指南。不同的课程目标决定了不同的内容。

过去，人们通常从人的外在音乐活动形态的角度来研究和表述音乐课程内容的构成。早期学校音乐教育一开始就界定了“音乐课等于唱歌课”，其根源就是用音乐活动的最明显形态——“唱歌”来表述音乐课程的内涵。从音乐教育发展史上看，这个概念对当今普通学校的音乐教育仍有影响。如 1912 年中华民国政府颁发的《小学校令》和《中学校令实行规则》，最先把唱歌和乐歌列为小学和中学的必修学科。再以美国为例，歌咏学校带动的歌咏之风，为 1838 年波士顿学校音乐课的确立奠定了约 120 年的基础。此外，美国学校经历了约一个世纪，在唱歌的基础上增加了合唱、欣赏和器乐，并在此间强调了几十年的识谱教学。

随着学校音乐教育理论研究的逐步深入，教学目标日趋完善，当代学校音乐教学的内容和内涵有了很大延伸。如中国主要是唱歌、唱游、器乐、欣赏、识谱、视唱听音（1993 年教学大纲）；日本主要是歌唱、演奏，创作、欣赏（1993 年教学大纲）；美国主要是表演、读谱、创作、欣赏与描述、价值（《学校音乐方案：描述和标准》，1974 年，1986 年）。

5.1.2.1　现行全日制义务教育音乐课程内容

现行的音乐课程标准在对音乐课程性质和价值科学定位的同时，重新审视了传统音乐课的教学内容，从学生学习心理、学科的发展与社会要求来考虑，认为音乐的创造性发展价值及音乐的人文学科属性应该在教学内容中得到体现，而原先的传统教学内容，则可在领域的平台上整合。因此，新课程将音乐课的教学内容有机地整合并拓展为四个相互关联的领域。

领域一：感受与欣赏。①音乐表现要素；②音乐情绪与情感；③音乐体裁与形式；④音乐风格与流派。

领域二：表现。①演唱；②演奏；③综合性艺术表演；④识读乐谱。

领域三：创造。①探索音响与音乐；②即兴创编；③创作实践。

领域四：音乐与相关文化。①音乐与社会生活；②音乐与姊妹艺术；③音乐与艺术之外的其他学科。

以上四个领域是相互联系、相互包含的。如“感受与欣赏”含有“音乐与相关文化”，而音乐“表现”的过程同时也是音乐感受、“创造”的过程。领域四的“音乐与相关文化”，只有在其他领域中才能真正得以理解和体现，不能单独存在。领域三、领域四是新课程的新内容，其目的是在传统的音乐教学内容的基础上，对发挥音乐教育作用于人的创造性思维及凸显音乐的人文内涵这两个在以往教学中相对薄弱的教学内容得以突出和强调。

5.1.2.2　我国高中音乐课程内容

如何使教育内容更加适合学生特点和社会要求。是教育部门、课程设计者和教师们经常关心的问题。随着时代的发展，人们意识到，那种在全国范围为同一门课制定一种大纲的方式大有弊端，尤其在城乡差别很大的国家，不顾环境和条件，专断地确定统一的内容产生了很多问题。在大多数国家，人们已倾向于把普通教育的内容分为两部分：一部分是共同的，所有人都必须掌握的最低限度内容，另一部分是各种选修课。共同的内容包括社会认为一切成员都应具备的知识、观念、本领和价值观；选择性内容是一套可根据学生愿望、兴趣、才能以及社会经济和文化环境的需要来确定的内容。这种办法既保证了教育体制的基本统一，保证了机会平等，又能更好地满足学生个体需求和发展的需要。教育部于 2003 年春出台的《普通高中课程方案》正是以这种理论为主导的。《普通高中课程方案》规定：高中课程由学习领域、科目、模块三个层次构成，不同层次之间是统合与隶属的关系。领域处于上层，领域之下分科目，科目之内含模块。

高中课程设置了七个学习领域，即语言与文学、数学、人文与社会科学、体育与健康、艺术、综合实践活动、技术。

根据普通高中教育的培养目标及音乐课程的性质，为体现高中新课程体系对课程内容应具有时代性、基础性和选择性的总要求，全面实现高中音乐课程目标，满足学生对音乐的不同兴趣爱好和特长需求，高中音乐课程的内容结构由六个模块组成，其中，音乐鉴赏为必修模块，其余的供学生自主选择学习。这六个模块是：音乐鉴赏、唱歌、演奏、创作、音乐与舞蹈、音乐与戏剧表演。

上述模块都有明确的教育目标，各自围绕某一种特定内容（如鉴赏、歌唱、演奏、创作等），整合学生经验和社会生活内容，形成一个内容清晰又相对完整的学习单元。六个模块既相互独立，又反映音乐学科不同教学内容之间的逻辑联系。

它们之间的关系可以从两个方面来认识。其一，六个模块既有相对的独立性，又是一个有机相连的整体。比如歌唱和演奏、舞蹈和戏剧表演、鉴赏和创作，指向都十分清晰，是同类教学内容或艺术形式的集合。六个模块从不同的侧面发挥各自的教育功能和作用，合成一个学科整体，共同为提高学生的音乐文化素养服务。其二，不同模块间的内容相互渗透，作用相辅相成。例如音乐鉴赏内容，理所当然集中归属在音乐鉴赏模块中，但是其余五个模块也有鉴赏的成分。歌唱、演奏模块中的鉴赏，目的在于感受人声和器乐的丰富表现力与美感，激发学生歌唱或演奏的兴趣；创作模块中的鉴赏，是为了渗透创作意识，培养学生通过音乐抒发和表达自己情感和意念的愿望，同时分析和借鉴典范的音乐作品，学习音乐创作的基本手法；音乐与舞蹈模块中的鉴赏，通过观摩优秀的舞蹈作品，积累舞蹈语言领略中外不同舞种及其音乐的特色及风格；音乐与戏剧表演模块中的鉴赏，目的是通过实例让学生了解戏剧构成的主要元素，认识音乐在不同类别的戏剧艺术中的地位与作用。可见同一内容在不同模块中是相互渗透的。又如音乐审美能力的培养，音乐鉴赏模块主要是通过聆听与感觉的方式进行；歌唱、演奏模块强调亲身参与的实践体验；创作模块主要是通过深化音乐理论知识学习，了解音乐创作一般规律以及实际进行创作的渠道。再如在歌唱、演奏模块的内容标准中，都有“较熟练地运用乐谱”的要求，而在音乐鉴赏、创作、音乐与舞蹈等模块中，也渗透了运用乐谱的内容，如“借助乐谱熟练音乐作品的主题”“能用简谱或五线谱较准确地记录作品”等。

5.1.2.3　各国中小学音乐课程内容

1．美国

1993 年美国政府颁布的《2000 年目标：美国教育法》，把包括音乐在内的艺术课程增列为美国普通学校教育的核心学科，同时研制了新的音乐教育国家标准，音乐教学内容呈现多样化、拓展性的特点。

（1）创造和表演

① 歌唱；

② 器乐表演；

③ 即兴和作曲；

④ 识谱。

（2）感知和分析

① 欣赏；

② 分析；

③ 判断；

④ 认识音乐与其他艺术学科的联系。

（3）音乐文化与历史背景的理解

① 理解西方音乐；

② 理解世界音乐。

2．德国

德国的音乐课程内容也呈现出丰富多彩的特点。

（1）音乐的一般见解

① 音乐材料；

② 音乐形式；

③ 音乐功能；

④ 时代与文化背景。

（2）音乐实践领域

① 音乐要素；

② 创作与表演中的方法；

③ 音乐表达；

④ 音乐功能与情感效果；

⑤ 社会音乐。

（3）各种类型的音乐

① 创作性音乐；

② 摇滚音乐、通俗音乐和爵士音乐；

③ 使用性音乐；

④ 民间和其他文化背景下的音乐。

3．日本

日本的教学领域分“表现”和“鉴赏”两部分。20 世纪 70 年代以来，日本中小学音乐课程有了新的拓展，以竖笛、簧乐器和打击乐为主要形式的器乐教学，以即兴性、多样性和综合性的音乐创造活动为特色的创作教学，进入了中小学音乐教学领域，大大丰富了音乐教学内容。

（1）表现

① 感受音乐并认识音符；

② 感受音乐要素，学习音乐表达方式；

③ 掌握演唱、演奏技巧；

④ 创造音乐并表现之；

⑤ 理解并运用音符、休止符、常用记号和其他音乐教材。

（2）鉴赏

① 通过聆听感受音乐、想象音乐；

② 运用音乐材料。

4．澳大利亚

澳大利亚曾是英国的殖民地，因此音乐教育采用欧洲体系。培养视唱、听力和欣赏音乐的能力是音乐课程的主要内容，并贯穿于 12 个年级。音乐课程设计和标准根据地方负责部门的意见而有所不同，中学也有器乐课、学生乐团、歌咏队、管弦乐队，还部分参加地区音乐中心的活动。当今，澳大利亚已意识到脱离殖民文化教育以及开展多元文化音乐教育的问题。

5．印度

印度的普通学校音乐教育主要采用就地取材的方式。在小学，日常的音乐课是必修课，用几种方言唱歌是音乐学习的基本技能，视唱练耳的训练是以传统的印度音律展开的。在中学，学生对印度传统的节奏模式塔拉要有所掌握，并学习印度古典音乐中的不同拉格（曲调框架）以及传统音乐的记谱和即兴演唱演奏等，教师使用印度乐器伴奏。在业余与专业的学习规划中，都要求熟悉掌握一定的演唱技巧，也要求对与印度音乐形式相关的理论、历史和哲学有大致的了解。

6. 阿拉伯国家

北非突尼斯的中小学音乐课中，教材主要采用民间音乐和传统音乐，以唱为主，要演唱伊斯兰教圣经，并学习民族的不同调式。中学音乐课程两年，包括音乐史（西方的和阿拉伯的）、视唱练耳、音乐理论，重点在阿拉伯调式和节奏。1982 年建立了音乐学院，有音乐系和器乐系，学制四年，分为两个阶段。第一阶段进行阿拉伯音乐的基础训练，每个全音程分为几等份，而不只是两个半音，每个微分音都要求学生准确唱出。学生视唱民歌，教师用乌德琴伴奏。第二阶段要对阿拉伯音乐理论进行深入的研究，同时学习非洲、亚洲、欧洲的民族音乐。突尼斯音乐学院也开设西欧音乐的课程，但教学的立足点是深深扎根于突尼斯传统音乐文化基础上的。他们认为，当学生了解到突尼斯音乐在调式和节奏方面有多么精细后，他们在古典音乐成就面前就不会感到自卑，而是充满自信地抬起头。

5.1.3 中国现行中小学音乐课程内容的特点

我国现行的音乐课程对传统音乐教学领域的重新整合与拓展，是新课程的一大特点。新课程使中小学音乐教学的内容、形式、功能得以完整体现，是实现课程目标的基本保证。纵观现行中小学音乐课程的内容，有以下特点。

首先，注重情感态度与价值观、过程与方法、知识与技能的整合。音乐基础知识和基本技能的学习不是孤立的，而是有机地渗透到音乐的审美体验之中。由于教学领域的拓展，知识与技能已不再是主要的难度，因此它是面向全体学生的，体现育人本质的，重视学生对音乐的兴趣，开辟了学生主动参与和探索发展的园地。它走的是普通音乐教育的道路，体现出重在提高学生素质的现代教育理念。

其次，深化了音乐课程的性质，将音乐课程上升到作为人类文化的一种重要形式和载体，并作为人文学科的一个重要领域来认识。基于这种认识和定位，音乐课程标准在音乐教学大纲的基础上，对音乐课程的内容做了新的整合和拓展，为提高音乐文化素养、丰富情感体验、陶冶高尚情操的音乐目标提供了保证。

再次，教学内容上分段递进、连贯发展。课标将义务教育的九个学年分成三个学段：1～2 年级学段、3～6 年级学段、7～9 年级学段。根据学生不同年龄段的生理和心理特点、认知力的发展及感受体验、表现音乐的能力，制定出不同教学领域的内容标准，形成了分段递进、连贯发展的标准体系。

如表演领域中关于演唱的内容标准：

1～2 年级：参与各种演唱活动；

3～6 年级：乐于参与各种演唱活动，初步养成良好的唱歌习惯；

7～9 年级：能主动地参与各种演唱活动，养成良好的歌唱习惯。

创造领域中的创作实践的内容标准为：

1～2 年级：能够运用线条、色块、图形。记录感受到的音乐。能够运用人声、乐器声或其他声音材料，在教师指导下创编 1～2 小节的节奏音型。

3～6 年级：能够在教师指导下，尝试运用图谱或乐谱记录声音和音乐。能够利用教师或教材提供的材料和方法，独立或与他人合作编创 2～4 小节的节奏或旋律。

7～9 年级：能够利用教师或教材提供的材料和方法，独立或与他人合作编创 4～8 小节的旋律短句或短曲，并能用乐谱记录下来。尝试用电脑编创音乐。

上述标准内容清晰，具有层次感，为教师提供了可操作的、切合实际的教学目标；突出了听觉艺术的感知规律和音乐学科的特点，通过听、唱熟悉乐谱，降低了教材的难度；注意音乐教学各领域之间的有机联系，重视教学内容与相关文化的融合，教学内容包括歌、舞、乐、戏、画等；课程评价内容和形式更加完善，突出评价的激励功能，摒弃单凭考试、考查确定学生成绩的做法。

高中音乐课程则体现了基础性、多样化和选择性的特点。

高中音乐课程结构的基础性，首先体现在音乐鉴赏模块的设置及对这一模块的突出强调。普通高中音乐的性质不是为了培养音乐家，不是为培养少数有音乐特长的尖子，不是专业的技能教育，这门课的基本任务是面向全体学生，提高每一名学生的音乐文化素养。设置音乐鉴赏模块，就是为学生提供获得音乐文化素养的渠道，在社会生活中，不可能（也无必要）要求人人都有动听的歌喉，都会演奏乐器，但却应该具有基本的音乐文化素养，应该有健康的生活情趣和高尚的情操。音乐鉴赏模块的设置，是实现这一目标的基本保证。其次，六个模块的内容标准都强调从学生的实际出发，重视基础性的教学内容和基本技能的培养。

多样化与选择性是紧密联系的，没有多样化的课程结构，就不可能实现选择性。高中音乐课六个模块，涉及音乐鉴赏、表演、创作及综合艺术（舞蹈、戏剧表演）等方面，供学生根据自己的兴趣爱好和需求自主选择修习。同时在课程的内容结构方面，将当代音乐文化生活中现代科技对音乐的影响及大众关注的音乐表演形式纳入音乐课堂，增加音乐的时代感及对学生的亲近感。这种多样化的课程结构，改变了以往高中音乐课仅以“欣赏”为教学内容的单一面貌，也为突破原来“整齐划一”的学习模式提供了可能。

5.2　音乐教材分析

5.2.1　音乐教材编写的指导思想

教材是教师和学生进行教学活动的材料，是教学活动的主要媒体，其范围包括教科书、讲义、讲授提纲、教学参考书等文字材料和视听材料。教材极大地影响甚至决定着一门课程的性质和作用，影响着学生的学习经验和知识的获得。教材是师生对话的一个“话题”，一个“引子”，或者一个“案例”，而不是课程的全部。

教材作为一种特殊文化，核心是教育价值观。当代教育与课程领域，强调的基本价值是“满足基本学习需要”，生成的价值观是“学习为本”。因此，音乐教材结构要从以往的“教程式”教材变为“学程式”教材。“教程式”音乐教材，立足的是教师的授课需要，突出的是音乐的学科内容和逻辑结构，其目标是有利于教师完成教学任务。而“学程式”音乐教材，其目标是满足学生的学习需要，遵循音乐学科的逻辑结构与学习心理规律的有机结合，创造有效的音乐教学策略或方式，开发各种音乐资源，为学习者提供丰富的学习机会，其最终目标是有利于学习者在教师引导下获得丰富的音乐学习经验。

以“学习为本”价值观做指引。音乐教材编写的指导思想要体现“以学生发展为本”的理念；体现音乐艺术特点与音乐学科教学特点；体现现代音乐课程的“多元化”“精品化”和“时代化”的特点。明确“教科书应当是帮助学生进行学习并学会学习的工具，是引导学生理解认识人类已有经验和知识的媒介，是课堂学习的知识资源，是促进学生形成健康的情感态度和正确的价值观的催化剂”。切忌把音乐教材当作音乐知识的汇编，要按照学生的认知发展规律和学校的实际教学情况来设计和编写教科书。在对音乐知识的陈述方式上。要超越“作者独白式文字阐述”，走向“多维对话式语言表达”，激发学生的音乐学习兴趣，启迪学生的思维和创造力。教材既要方便教师组织教学，更应体现教学过程中学生的主体性，有利于学生进行探究式和合作式的学习。教材编写过程要注意：①与教育权威的联系；②建立各项活动，如资料收集、计划、编写、补充；③考虑编制过程的方法与定向；④有助于新课程的推广；⑤编写教材要反映学科最新的信息，并适合学生的能力和需求。

5.2.2 音乐教材编写原则

音乐课程的基本理念、目标是音乐教材编写的重要依据，音乐教材又是音乐课程内容的具体体现，四者互为关联，缺一不可。一般来说，音乐教材的编写有以下原则。

5.2.2.1 审美为核心的原则

教材要突出音乐本身的艺术美，重视音乐作品内涵的审美作用，力图体现音乐的审美价值与情感意义，将音乐知识技能学习融于音乐审美体验中。

5.2.2.2 培养兴趣的原则

兴趣是一切学习的原动力。教材要以学生为中心，从学生的兴趣、能力和需要出发，结合学生的生活经验，遵循学生的生理、心理及审美认知规律，提供感受音乐、表现音乐、创造音乐及学习音乐文化知识的机会，为学生形成音乐学习经验、拓宽音乐兴趣范围、提高审美素质奠定基础。

5.2.2.3 培养能力的原则

教材首先要着眼于培养学生的音乐审美能力，包括音乐感受能力、音乐表现能力、音乐鉴赏能力、音乐创造能力等；其次，还应培养学生知识技能之间的迁移能力及掌握学习知识的方法，为学生终身热爱音乐、学习音乐奠定基础。

5.2.2.4 实践性原则

音乐是一门实践性很强的学科。教材要重视音乐实践活动的设计，把音乐知识技能的学习融在实践活动中，把学与教的方法融入实践环节，使师生易于操作。

5.2.2.5 传统与现代、民族与世界相结合的原则

教材既要选择传统的音乐经典之作，也要吸收具有时代感、富有现代气息的优秀作品；既要有体现中华民族音乐文化的经典之作，也要突破欧洲音乐文化中心论，尊重世界各个民族的音乐文化，力求将世界各国、各民族优秀的音乐作品纳入教材。教材要密切联系社会生活，丰富教材内容，开阔学生的音乐视野。

5.2.2.6 可行性原则

教材必须考虑时间、可用资源、教学人员、现行法规以及教学设备等问题。教材的难度、容量要考虑多数地区的水平，便于学生学习。

5.2.2.7 开放性原则

教材应该是开放式的，为教师将自己的知识经验融入教材和为学生自己提出学习课题留有较大余地。在万不得已的情况下，一门课程的核心内容允许被固定，但应留有较大的允许改变和补充的空间，有利于师生从不同角度去探讨客观世界，使教师能够将其个人对于教学内容构想的经验知识投入到教学中去。

5.2.3 音乐教材评价

5.2.3.1 教材评价的维度及层次

对于一套教材的评价，是指从教育的宗旨出发，从知识与科学性、思想品德与文化内涵、认知与心理规律、编制技巧与工艺水平四个维度，对教材的教学目标、内容、教学方法、练习与活动，以及教材的编制水平等的有效性、可

靠性、可行性以及效益效率所作的分析评估。

5.2.3.2 新教材特点分析

1. 以音乐审美为中心

音乐教育的本质是审美教育。美的感染必须通过自身的体验才能获得，因此音乐审美教育不仅要完整地体现在新编的音乐教科书中，体现在音乐教师的教育观念中，更要体现在音乐教学的活动中，体现在活动的全过程。音乐课程标准指出音乐课程的价值在于为学生提供审美体验，陶冶情操，启迪智慧。因此，离开了审美为核心的音乐教育将是无源之水。那么，作为音乐教育的载体——音乐教材，在其内容编写上，又是如何体现这种理念的呢？

首先，教材的内容应该是美的。2001 年新课改之前的音乐课程围绕着音乐知识组织歌曲内容，对音乐教育价值理解有所偏差，一方面过分强调音乐作品的政治性、思想性，另一方面在要求上追求系统、全面的专业技术性，而弱化了审美性。除经典老歌和古典音乐外，稍稍贴近中学生生活的音乐作品都缺乏美感，歌词像在说教，旋律或是平淡，或是拗口，学起来有困难，扼杀了学生对音乐的兴趣和耐心，出现学生喜欢音乐却不喜欢上音乐课的普遍现象。

新教材从学生喜欢的生活场景、情境入手选取内容，设置了情境主题和单元主题，构建了全新的框架体系。课程标准降低了知识技能要求，淡化了枯燥的知识技能训练，强化了审美、创造、实践能力的目标要求，专门设置了“感受与欣赏”学习领域，在潜移默化中培养学生美好高尚的情操和丰富的情感世界，在培养学生的健全人格、想象力、创造力等方面都有重要突破。音乐教学内容是音乐教学的依据，是学生获得音乐审美感受和体验的客观条件。因此，选择具有欣赏价值，能够唤起美感的歌曲和乐曲作为音乐教学内容是极其重要的，它是实现音乐教学审美为核心的基础和前提。音乐教材的审美因素包括立意美、情境美、音韵美、曲调美、配器美、伴奏美等。新教材的曲目选择，在考虑作品的思想性、艺术性、民族性的基础上，尤其注重歌曲的可唱性与欣赏曲的可听性，并兼顾时代性，易听易记。一首好的歌曲要贴近学生的生活，表达学生的心声，或是蕴含着一个美好的寓意，或是抒发一种温馨的心曲，或是衬托出一个美丽的梦幻，或是展现一片炽热的情怀。这种立意与情境之美对学生有着深刻的感染力，会使心灵萌发美的种子。例如：人音版教材第一册在聆听乐曲中精选了经典的音乐作品，如《口哨与小狗》《摇篮曲》《野蜂飞舞》；又选用了多首孩子们喜欢的动画片中的音乐作曲，如《三个和尚》《三只小猪》等，这些音乐作品短小好听、充满趣味性。如第一课以好朋友为主题，安排了两首聆听曲《玩具兵进行曲》和《口哨与小狗》，两首歌曲《你的名字叫什么》和《拉勾勾》。在教材实施中，教师深刻感受到这些精选的歌曲和乐曲极大地激发了学生的学习兴趣。学生们在聆听《玩具兵进行曲》和《口哨与小狗》的过程中，充分感受到音乐带给他们的快乐，他们不由自主地想唱、想跳、想表演；在演唱歌曲《你的名字叫什么》和《拉勾勾》时，更是给这些刚入学的孩子提供了交流与展示的舞台，这些歌曲让孩子们在演唱中可以更加有感情地与教师交流，与小伙伴们交流。

另外。新教材还非常关注对作品审美因素的挖掘，选择了大量富有意境、让人产生无尽遐想、回味无穷的优秀音乐作品。如人音版教材第六册第一单元《春天》，通过聆听《春到沂河》、演唱《春天举行音乐会》，感受春的意境和对美好未来的热烈向往；教材中歌曲的“伴奏美”，也极大地提高了学生的学习演唱兴趣，如第二册第六单元歌曲《母鸡叫咯咯》《下蛋啰》，让人一听到音乐伴奏，就产生演唱的兴趣；教材中的音乐欣赏，体现了经典性与文献性、趣味性与时代性，展示了人类音乐文化的精粹、美的结晶；器乐教材“美”的着眼点则在于简洁、洗练的编配方面，通过配器显示其音色、织体的丰富之美、变化之美、和谐之美；精致音响资料的制作，也为学生聆听优美的音乐提供了重要保证。由此可以看出，只有优美的曲调，才能产生动人、感人的艺术魅力，使学生听了还想听，唱了还想唱，百听不厌，百唱不烦。这种曲调和音韵的美如磁石般地吸引着学生，久而久之，自然就形成了“润物细无声”的审美功效。

2．以音乐文化为主线

近年来国内外的音乐教材，很重视音乐文化素质的培养。普通中小学的音乐教育，应以普及艺术教育为内容，把单纯的音乐拓展为音乐文化，这是音乐学科人文性质的特点所决定的，是素质教育的需要。因此，新教材的内容强调了音乐与人、音乐与社会、音乐与民族、音乐与大自然等的联系，把音乐置于大文化背景之中，丰富学生的情感体验，拓展学生的文化视野。其中，表现人与自然的人文主题如人音版第二册第一课《春天》，通过聆听歌（乐）曲，感受音乐所表现的春天，通过演唱《小雨沙沙》，引导学生细心观察事物，启迪学生热爱大自然。表现音乐与社会的人文主题如人音版第一册第三课《祖国您好》，通过使学生知道国旗、国歌是祖国的象征，能够以崇敬的心情聆听《中华人民共和国国歌》，并能用自然亲切的声音背唱《国旗国旗真美丽》《同一首歌》，在歌唱中表达对祖国的热爱之情；第六册第九课《家乡美》，通过学习《黄土高坡》《洞庭鱼米》《山》《水》《阳光》《全都认识我》《因为我们爱故乡爱祖国》，让学生以火热的激情体验歌颂家乡美，并自豪地演唱。表现音乐与人的主题更加丰富多彩，如人音版教材第一册第二课《爱劳动》，通过聆听《劳动最光荣》《三个和尚》，感受音乐的欢快情绪和音乐所描绘的人物形象，体会本课主题——爱劳动。表现音乐与民族的人文主题如第二册第八课《幸福生活》、第三册第四课《跳起舞》、第五册第十课《东北风》等。

3．以音乐学科为基点

每一学科都有其自身的体系，音乐学科也不例外。从音乐诸要素的感性体验到理性的认识；从最基本时值“一拍”到各种音符时值；从单拍子到复拍子；从单一音色到复合音色；从基本的舞步到动作的组合；从打击乐器到有固定音高的简易乐器的演奏；等等，教材都一一通过各单元由浅入深的步步展开，让学生在实践操作中，逐步获得学习音乐必须掌握的音乐基础知识与基本技能，获得丰富的情感体验。

从情感态度与价值观来看，音乐课程标准主要内容包括：①丰富情感体验，培养对生活的积极乐观态度。音乐学习可以丰富学生的情感体验，使其情感世界受到潜移默化的感染和熏陶，建立起对人类、对自然、对一切美好事物的关爱之情，进而养成对生活的积极乐观态度和对美好未来的向往与追求。②培养音乐兴趣，树立终身学习的愿望。通过各种有效的途径和方式引导学生走进音乐，在亲身参与音乐活动的过程中喜爱音乐，掌握音乐基础知识和基本技能，逐步养成欣赏音乐的良好习惯，为终身喜爱音乐奠定基础。③提高音乐审美能力，陶冶高尚情操。通过训练学生对音乐作品的情绪、格调、人文内涵的感受和理解，培养学生音乐的欣赏能力，养成健康向上的审美情趣，使其在真善美的艺术世界里受到高尚情操的陶冶。④培养爱国主义情感，增强集体主义精神。通过音乐作品中所表现的对祖国山河、人民、历史、文化和社会发展的赞美和歌颂，培养学生的爱国主义情怀；在音乐实践活动中，培养学生良好的行为习惯和宽容理解、互相尊重、共同合作的意识，增强集体主义精神。⑤尊重艺术，理解世界文化的多样性。尊重艺术家的创造劳动，尊重艺术作品，养成良好的欣赏音乐艺术的习惯。通过系统地学习母语音乐文化和不同民族、不同国家、不同时代的作品，感知音乐中的民族风格和感情，了解不同民族的音乐传统，热爱中华民族音乐文化，学习世界其他民族的音乐，理解音乐文化的多样性。

从过程与方法来看，其具体内容有以下五点：①体验。完整而充分地聆听音乐作品，在音乐体验与感受中，享受音乐审美过程的愉悦；体验与理解音乐的感性特征与精神内涵。②模仿。通过亲身参与和演唱、演奏、编创等艺术实践活动，并适当地运用观察、比较和练习等方法进行模仿，积累感性经验，为音乐表现和创造能力的进一步发展奠定基础。③探究。培养学生对音乐的好奇心和探究愿望，重视自主学习的探究过程，使学生能够积极参与以即兴式自由发挥为主要特点的探究与创作活动。④合作。在音乐艺术的集体表演形式和实践过程中，能够与他人充分交流、密切合作，不断增强集体意识和协调能力。⑤综合。通过以音乐为主线的艺术实践，渗透和运用其他艺术表现形式和相关科学知识，更好地理解音乐的意义及其在人类艺术活动中的特殊表现形式和独特的价值。

从知识与技能来看，音乐课程标准的内容包括：①音乐基础知识。学习并掌握音乐基本要素（如力度、速度、音色、节奏、节拍、旋律、调式、和声等）、常见结构、体裁形式、风格流派以及演唱、演奏、识谱、编创等基础知识。②音乐基本技能。学习演唱、演奏、创作的初步技能，能够自信、自然、有表情地演唱歌曲和演奏课堂乐器，了解音乐创作的基本方法；在音乐听觉感知基础上识读乐谱，在音乐实践活动中运用乐谱。③音乐历史与相关文化知识。了解中外音乐发展的简要历史和有代表性的音乐家，初步识别不同时代、不同民族的音乐；认识音乐与姊妹艺术的联系，感知不同艺术门类的主要表现手段和艺术形式特征；了解音乐与艺术之外其他学科的联系，扩展音乐文化视野；根据自己的生活经验和已学过的知识，认识音乐的社会功能，理解音乐与社会生活的关系。

基于以上课标中所提出的三个维度方面的具体要求，音乐教材按照学科体系的系统性、连续性、发展性，遵循学生心理发展及认知规律，按照学生年龄特点，以详细的分年龄段的内容标准为基点，将知识与技能、情感态度与价值观、过程与方法科学合理地融入各个主题单元。如在新版本的人音版教材中，一年级教材每个单元设置了“聆听”“演唱”“知识与技能”“编创与活动”四个板块；七年级教材每个单元设置了“演唱”“欣赏”“知识与技能”“实践与创造”“学习评价”五个板块，每个主题单元中都有音乐能力的目标要求，明确和落实对学生的创造能力、实践能力培养的具体内容，明确学生能够学习到什么知识技能。如用生动形象的图形谱暗示旋律的高低与音值的长短；用游戏的方式将繁复的知识技能内化在活动之中；在激发兴趣的基础上，以自主教育的方式自然而然地使学生接触、学习、掌握知识技能等。音乐教师要善于在新理念的指导下，仔细分析教材内容，合理、有效地使用教材将知识技能的学习由浅入深。如“读谱知识”，1～2 年级，认识简单的节奏符号，能够用声音、语言、身体动作表现简单的节奏，能够用唱名模唱简单乐谱；3～6 年级，用已经学会的歌曲学唱乐谱，结合所学歌曲认识音名、音符、休止符及一些常用记号，能够识读简单乐谱。

4．加强实践与创造

音乐学习离不开音乐实践。传统的学习观，注重的是以知识和课本为中心的认识活动，把学习的本质视为一种认识过程。早在半个多世纪之前，陶行知先生就对此进行过一针见血的批评：“中国教育之通病是教用脑的人不用手，不教用手的人用脑。”此话正切中了我国教育长期以来忽视实践活动的弊端。对于学习方式来说仅立足于“关起门来读书”是远远不够的，读书是学习，实践是更重要的学习。学以致用，永远是教育的直接目的。因此，引导学生转变传统的学习观念，将学习纳入一种以认知内化为基础的实践活动的轨道，给学生提供充分的动手机会，让学生参与大量的实践体验，是学生优化学习、有效学习和健康成长的必要条件。

音乐是实践性和操作性很强的学科，尤其是表现领域更体现出其技能性特点。演唱、演奏、综合性艺术表演和识读乐谱，哪一项也离不开实践活动，离不开具体的操作。比如歌唱，光是了解发声器官的构造、呼吸、共鸣、咬字吐字等知识而不去练习歌唱，是毫无意义的。又如演奏乐器，只知道某种乐器的构造与性能，了解一些演奏方法，但不去操作，那么这件乐器你永远也不会。特别是对乐谱的识读，更要结合具体的音乐实践进行，否则只能是纸上谈兵。过去我们在这方面弯路走得太多太长，人为地将识谱知识与识谱技能割裂开来，对立起来，依靠讲授去让学生识谱，造成学生满脑子数学逻辑而缺少对音乐的感知。我国长期以来识谱教学的不成功，虽然有着方方面面的影响因素，但没有把识谱教学放在音乐实践活动中进行应是重要的原因之一。

新课程标准指出：“音乐课的教学过程就是音乐艺术的实践过程。因此，所有的音乐教学领域都应强调学生的艺术实践，积极引导学生参与演唱、演奏、聆听、综合性艺术表演和即兴编创等各项音乐活动，将其作为学生走进音乐，获得音乐审美体验的基本途径。”音乐教师应该认真地贯彻上述原则，在教学中尽可能地为学生提供参与音乐实践活动的机会，引导和鼓励学生运用音乐的形式表达情感，交流思想。即使是在“感受与欣赏”“音乐与相关文化”这样的学习领域，也应注意结合具体的音乐作品和生动的音乐实践活动来进行。例如音乐鉴赏，学生只是被动地听是不行的，教师应积极引导学生对所听音乐做出反应：语言反应（对音乐进行描述）、身体反应（用动作表现音乐）、内心反应（内在音乐体验）、歌唱反应（唱音乐主题）以及演奏反应（为音乐配打击乐）等。

教育创新是针对我国传统的、陈旧的教育观念和教育方式的弊端提出来的。重传承不重创新，重蹈袭不重己出，唯师是从，唯书是从，标准答案至上，这样的教育必然会钳制新思想，局限新精神，扼杀一个人敢为天下先的勇气。在一堂音乐课上，教师演示了一幅穿着彝家服饰的娃娃的图片后提问：“这个娃娃脖子上挂着什么东西？”一些学生回答说：“银项圈。”教师表情一愣，忙纠正道：“是银项链！请同学们跟老师一起念——银项链。”全体学生重复：“银项链。”课后，有人问这位老师：“学生们说是项圈时，你为什么要纠正呢？况且，图片上的娃娃确实戴的是项圈呀？”教师的理由是：“教材中的歌词是银项链。”老师问学生：“你们从图片上看出是银项圈了，为什么还跟着老师念银项链？”学生的回答令人惊异：“老师总归是对的。”此教学案例给人的启示是：学生跟着老师跑，老师跟着书本跑，学生依附老师，老师依附课本，谁也不敢越雷池一步，长此下去，师生都不会用自己的眼睛观察，不会用自己的脑子思考。国外的教育同我们相反，鼓励学生多提问题，尊重学生的不同见解，甚至希望学生把自己问倒。教师面对学生的问题，若是自己不懂或不会的，会坦然回答：“不知道。等我查查资料再考虑给你答复好吗？”有的教师常常会被学生问得瞠目结舌，实在无法回答就请全班学生起立，为提问的学生鼓掌，教师为有这样的能把自己问倒的学生而感到自豪。我国的教师受“师道尊严”的影响极深，往往以知识权威自居，似乎说“不知道”是一件十分丢面子的事。许多教师往往在理论上同意音乐教育要培养学生的想象力与创造力，而在实践中却习惯于用自己的结论代替学生的思考。造成这种状况的原因固然很多，但根本原因在于不能把学生当作学习主体，不能赋予学生在音乐学习中的平等地位。实际上，由于成长环境的开放和接受教育途径的多向，今天的孩子对各种新事物、新知识的了解可能比成年人更为敏捷和广泛。他们没有旧观念、旧模式的束缚，常常表达出不同于成人的看法，对音乐的学习、理解往往没有任何框框，而凭着对新事物的敏感、认同以及接受能力快的优势，更显示出一种学习的活力。

鼓励音乐创造的另一个重要内涵，是在音乐教学和学习中不存在标准答案。对于音乐教学来说，不应有统一的模式和固定的程序，音乐课堂永远是动态和变化的。音乐教学尽管也有一些共性的教学规律与原则可以遵循，但从根本上说，其教学过程是充满了创造性的。严格细致的程序和统一的模式与标准，意味着艺术精神和创造精神的死亡。把音乐课堂教学时间划分为严格的小单位，为每个单位时间布置不同的任务，组织教学几分钟，复习歌曲几分钟，综合练习几分钟，导入新课几分钟，教授新课几分钟，巩固、处理以及表演歌曲几分钟，等等，与工厂里的固定流水线没有什么不同，怎么可能有创造性可言？音乐不存在整齐划一的体验、表达与理解方式，更不应有统一的结论与答案。音乐学习的关键是学习者自身的感受与体验，而“统一结论”和“标准答案”恰恰在这个最核心的问题上有悖于音乐学习思维过程的独特性、新颖性和多样性。

在鼓励学生积极参与探究与创造的同时，应当把开发学生的形象思维能力、开发学生的创造性思维潜质作为重要的培养目标。为此，在歌唱、演奏、欣赏等常规教学中要加强探究性、创造性活动，应当把开发学生的形象思维能力、开发学生的创造性思维潜质作为重要的培养目标。为此，在教材的歌唱、演奏、欣赏等常规教学中都有“编创与活动”，编有大量的实践要求，让学生在“编创与活动”中去体验音乐的美感，提高他们的音乐感受、表现、创造的能力。

中小学的音乐创造实践是非专业意义上的音乐创作，主要表现为即兴演唱、演奏和形体动作（律动、舞蹈），也表现为旋律的创编，以及对音乐的不同演绎。以人音版教材第六册为例，每一单元中，都安排有丰富的实践与创造活动。第二单元《可爱的动物》中安排了旋律创作的编创活动，目的是让学生在音乐实践活动中更好地掌握运用所学音符。在第三单元《童趣》中，安排的是节奏方面的编创活动，通过节奏问答，训练学生的节奏感与想象力。这是一种较为自由的即兴创作活动，没有太多的制约，可以师问生答，或生问师答，在实践中主要是学生间的相互问答，时间上也较宽松，按课堂情况而定，视学生兴趣而定。在第四单元《音乐会》中，安排的是“轮唱”演唱形式的实践与创造活动，通过学生熟悉的歌曲旋律，进行两种轮唱形式的练习，在此基础上，引导学生自己设计创造，分组进行展示、点评，表扬有创新的小队，提高音乐创造的能力。学生经过这样有效的实践活动，就会对“轮唱”有了切身的感受和体会，从而懂得，只要动脑筋，自己也可以创造出多种歌曲演唱形式，并不局限于教师和书本所学。在第二册第二单元《放牧》中，涉及的是打击乐器的实践与创造，教师指导学生在实践中探索敲击三角铁的方法，如怎样敲击出长音？怎样敲击出短音？答案可有很多种，教师对积极探索的学生给予充分的肯定。探索之后，可通过具体的音乐让学生进行实践，不断进行研究探索。在教材中还有扩展学生知识面内容，如第二册第四单元《长鼻子》，教师指导学生认真看图，说出都是什么象。通过亚洲小朋友喂大象吃草、非洲小朋友为大象清洗及大象运输货物、小象演马戏等画面，为人类展示了人与动物的亲密关系。以上所举例子主要结合每单元“编创与活动”所写。在实际教学中，在各个教学领域，它们都与各种形式的实践活动密切相关，因此，音乐教学活动要特别重视学生的参与和实践，重视学生感受、体验、表现音乐的情感。不仅要重视艺术实践的最后结果，也要重视艺术实践的过程，重视这个过程中的探究与创造，重视过程的教育价值，做到“结果”和“过程”并重。

5．加强综合与渗透

综合，是基础教育的一种基本理念，它体现了现代教育的一种发展趋势，是学科体系向学习领域的伸展，是精英文化向大众文化的回归。以审美教育为主旨的音乐教育，之所以倡导“综合”的理念，根本的要义在于这种“综合”

的教育方式有益于促进人格的完整与和谐发展。

音乐课程的综合，是以音乐为本的综合。实践证明，中小学接受音乐教育的途径是多种多样的，他们所接受的音乐教育的广度与深度较大地影响着其他素养的提高与音乐能力的发展。因此，音乐教育必须具有宽阔的视野，必须保持开放的态势，对音乐教育的各种影响因素予以高度重视。不同的艺术形式或同一艺术形式的不同方面，在审美意蕴、表现手法等方面有许多相通之处。从发生学的角度看，各艺术门类本是源于一家的，是高度融合在一起的。与此同时，这种艺术之间或同一艺术形式的不同内容之间的融合趋势与人的身心发展规律也存在着某种同构关系。从心理学的角度而言，“通感”这一心理现象，使得艺术之间或同一艺术形式的不同内容之间的相互融合也成为必要和可能。作为艺术的一个最主要的门类，音乐同广泛的文化领域有着天然的密切联系，这也使得音乐课程同其他非艺术课程之间的相互融合成为可能。此外，只要音乐教学能保持一种开放的态势，具有较宽的视野，那么，课外音乐活动、社会音乐教育环境便都能成为音乐教学的有机组成部分。

音乐课程标准对中小学音乐课的传统内容进行了整合及拓展，图示如下：

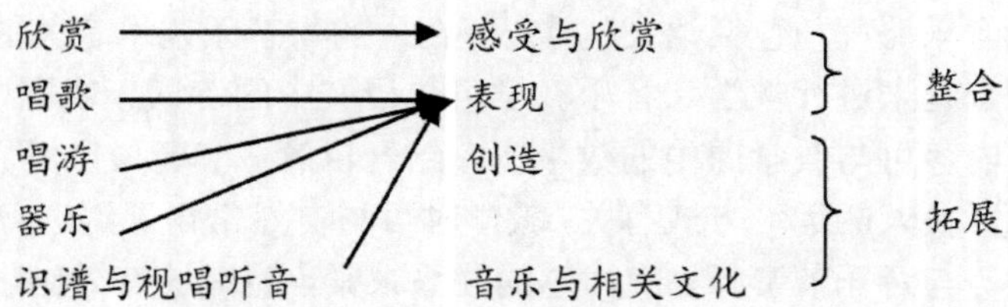

这样的整合与拓展，突出了音乐听觉审美体验的艺术特征，淡化了技能练习和理论知识的专业性；在降低知识难度的同时，激发学生参与音乐表现及投入艺术探索的兴趣，表明新课程标准对通过音乐教学活动发展学生创造性思维能力及提高人文素养的重视。

新教材是依据标准的要求，在内容编写上突出整合与综合，即将新课改之前的教材中的歌唱、唱游、器乐、识谱与视唱等内容整合为表现领域，将欣赏内容整合到感受与欣赏领域中，在其内容上体现了音乐教学的综合性，这主要表现在三个不同的层次上。

（1）音乐学科中不同教学领域间的相互综合

如演唱、演奏教学与音乐欣赏教学相联系，演唱、演奏、欣赏与音乐基础知识、基本技能相联系，感受、体验、欣赏、表现与相关音乐文化相联系，音乐基础知识可以在学生参与的创作、演唱、演奏、欣赏等音乐实践活动中结合着讲解；许多音乐欣赏内容可以通过演唱、演奏来加深体验，加深理解；可以结合唱歌与乐器来进行创作教学，并通过唱歌与演奏来展示学生的创作成果。其目的是促使学生在音乐学科内部各学习领域间能够横向联系，拓展音乐视野，提高音乐能力。

（2）音乐艺术与姊妹艺术间的相互联系

音乐与诗歌、舞蹈、戏剧、美术、建筑、影视等相联系，其目的是促使学生在各门艺术之间能够互相连通、互相迁移，建构审美心理，使学生获得感性与理性的和谐发展，以提高综合艺术的审美能力。

如人音版教材中，通过舞蹈来表现音乐的主题：在第二册第五单元《跳起舞》中，通过歌曲《草原就是我的家》，把原汁原味的蒙古族民歌和描写蒙古族人民生活的舞蹈《挤奶舞》及表现草原生活的器乐曲《我是人民小骑兵》有机地结合在一起，使学生从多角度感受、体验、了解蒙古族音乐；此外，还有第五册第二单元《草原》《东北风》《丰收歌舞》，第六册第十单元《风箱谣》，第八册第二单元《快乐的舞蹈》等，使学生感受不同地区、不同时代的舞蹈音乐，体验其不同的风格特征，拓展视野。

（3）音乐与艺术之外的其他相关学科间的相互联系

把音乐课程与包括语文、历史等在内的与音乐艺术有关的其他非艺术课程适当结合起来进行教学。音乐教学可与语文中的诗词、戏剧段落相通；音值、节奏等内容可与数学课中的数量概念结合讲解；节奏与自然界现象、与人的生理现象以及人的运动方式有关，教学时可与自然常识课沟通；体育课的广播操、韵律操等与音乐节奏感、旋律感的联系很紧，也能够有效结合。音乐与该音乐文化产生的民族、地理、环境、历史条件、语言语音特点、生活习俗、文体交流等有着密切联系，则音乐课与历史课、地理课结合也并非难事。人音版教材第三册第十课《过新年》中，就是以较浓重的笔墨展示了不同地域、不同时代过新年的风俗人情；《窗花舞》是一段描写除夕夜喜儿等待出门躲债的爹爹回家过年的情景，乐曲的欢快情绪、民歌风的轻盈旋律，表现了贫苦家庭的喜儿高兴地剪窗花、贴门神的过年气氛；管弦乐《晚会》是一首富有鲜明民族色彩的管弦乐曲，音乐中创造性地运用了中国民间锣鼓节奏，生动形象地描绘了晚会热闹愉快的气氛，表达了解放区人民欢庆胜利、迎接解放的兴奋欢乐心情；歌曲《小拜年》是根据湖南花鼓音乐改编而成的儿童歌曲，热烈欢快的旋律唱出了人们耍狮子、闹花灯、庆新年的欢乐场面；歌曲《过新年》是一首欢快热烈的儿童歌曲，歌曲采用了汉族民间音调和秧歌舞的节奏特点，生动形象地描绘了孩子们喜气洋洋过新年的欢乐情景。可见，单元教材内容将音乐与艺术之外相关联的民族、民俗等内容综合在一起，其目的是开阔学生的文化视野，发展学生的形象思维与抽象思维能力，以提高其综合文化素质。不过，这里强调的是以音乐为主的综合，是贯穿于各个教学环节的综合，而不是偶尔的、某个环节上的局部综合。最后，可有意识地把音乐课堂教学与课外音乐活动结合起来，把学校音乐教学与社会音乐环境结合起来，如社会生活中的许多音乐资源（广播、电视、艺术团体等）可为音乐教学所用，以形成合力，最大限度地提高音乐教学效果。

6. 激发学生兴趣于始终

兴趣是人对事物或活动所表现出来的积极、热情和肯定的态度，并由此产生参与、认识和探究的心理倾向。兴趣是引起和维持注意的重要因素，对感兴趣的事物，人们总会主动愉快地去探究它，使活动过程或认识过程不是一种负担。因此，兴趣是学习的巨大动力，是学生主动进行学习和探究的精神力量。兴趣对于学习的重要意义，应该说早已被人们所认识，爱因斯坦的“热爱，是最好的老师”即一句至理名言。就教育现状而言，音乐教育由于没有升学考试的外力推动，学生对音乐的兴趣就成了其学习音乐的主要动力，甚至是唯一动力，学生没有音乐学习兴趣，音乐课程就有可能成为虚设；就音乐教学而言，作为基础教育阶段的中小学音乐教学，其基础性主要不是音乐基础知识和基本技能，而是音乐学习兴趣，或者说音乐兴趣是基础中的基础，因为，没有兴趣作基础，包括传授音乐基础知识和基本技能在内的音乐教学的基本任务就难以完成；就终身教育而言，音乐兴趣是学生在音乐方面可持续发展的前提条件，即学生在人生旅途中不断学习音乐、享受音乐、发展自身音乐能力的动力催化剂。学校教育只是人生的一个学习阶段，已经步入终身学习时代的当今学生，掌握学习方法比掌握学习内容更为重要。变“学会音乐”为“会学音乐”，更需要把学习兴趣归还给学习者。因此，把音乐学习的主动权还给学生，让他们变被动学习为主动学习，变接受学习为探索学习，便成为音乐学习中的首要问题。这个问题不解决，就不能使学生热爱音乐，对音乐产生感情。如果我们的音乐课不能使学生喜爱，不能成为发自学生内心的需求，那么任何所谓“音乐学习”对学生来说都没有意义。

音乐教育对音乐兴趣培养的关注，必将带来音乐教学内容、方法、评价等方面的革新与变化。诸如过分注重经典知识的倾向，加强音乐教学内容与现代社会、科技发展及学生生活之间的联系；改革教学过程中过分注重接受学习，被动模仿的倾向，倡导学生主动参与、交流合作、探索发现等多种音乐学习活动；改革教学评价过分偏重知识、强调选拔的倾向，建立既关注结果更重视过程的评价体系；等等。这种围绕着兴趣培养的音乐教学改革，无疑会展现一个音乐教学的新天地。让学生每每带着浓郁的兴趣走进音乐课堂，时时保持一种对音乐学习的积极心态和愉悦体验，更学会了“学海无涯（乐）作舟”，音乐课堂便成了学生的精神家园，音乐将真正走进学生的心中，成为其心灵中美好的东西。

音乐新教材根据不同年级学生心理特点，内容丰富多彩，接近学生的生活实际和认知水平，这是激发学生音乐兴趣的先决物质条件。如 1～2 年级学生以形象思维为主，因而确定学生喜爱的主题单元有《好朋友》《可爱的动物》《爱劳动》《跳起舞》《咯咯哒》《巧巧手》《大海的歌》等，这些主题单元内容贴近 1～2 年级学生心理，适应学生的心理需求，很容易被学生接受。3～6 年级学生，生活范围和认知领域进一步扩展，针对这一年龄特点，确定了如下主题单元：《时间的歌》《童话故事》《难忘的歌》《小小音乐家》《童年》《友谊》《妈妈的歌》《牧童之歌》《老师的歌》《少年的歌》《校园里》《理想》等，通过主题单元中丰富的内容，激发学生学习音乐的兴趣和内动力。另外，传统音乐教材的编写呈现的是以知识技能为主的知识结构，音乐课与单纯的“歌唱”或“唱歌加乐理”相等同，这种对音乐教育功能认识的片面性，削弱了音乐教育应有的人文内涵。从传统的音乐教材编写内容来看，尽管其中不乏古今中外优秀的音乐作品，并且这些经典的作品在学生的成长过程中确实起到了陶冶情操、怡情养趣的审美功效，但因为教材内容过于注重选用经典音乐，学生坐在教室里听的是 100 年前的音乐，唱的是 50 年前的歌曲，长此以往，这些远离学生生活经验、缺乏时代气息的作品，怎能激发学生们的学习热情和求知欲望？又怎能适应新时代的发展？新教材的曲目选择，在考虑作品的思想性、艺术性、民族性的基础上，尤其注重歌曲的可唱性与欣赏曲的可听性，各年级的歌曲还要兼顾时代性。在乐谱使用上，从我国的国情出发，兼顾世界上使用的各部分主要谱种：小学低年级字母谱，中高年级简谱，中学的五线谱。在识谱的要求上，降低过难的识谱要求及过高的技能技巧，不提独立识谱的过高要求，按不同年级逐句、逐段地识谱，删除过难的和弦等知识；另外，还有自制乐器、即兴创编、游戏、舞蹈等活动，培养学生的创新精神与实践能力，让学生在实践中体验，在想象中创造，促进思维，发展智力；每册教材最后，还有活动性的测试与评估，鼓励学生自测、自评、互评、他评，形式丰富多彩；版面设计上图文并茂，多风格、多形式，尤其是低年级教材以图为主；小学欣赏曲主题旋律以图形谱为主，使教材更生动活泼。

总体来说，目前使用的根据新课标标准精神编写的几套音乐实验教材，从编写理念、内容选择到体例结构，较之传统的音乐教材有了很大的突破，体现了基础音乐教育发展的最新水平，是一个质的飞跃。但能形成鲜明风格的编写体系的不多，主要是不同版本教材所选乐曲或歌曲较多重复，有的教材所选作品仍跳不出欧洲古典主义时期的音乐范围，略欠新意；有的教材音乐知识与技能发展的线索不清晰，曲解了课标中“弱化音乐知识与技能，强化情感态度价值观教育”的含义；有的教材内容过多，使得校本资源的开发和使用难以实现；有的教材的教学活动或拓展与探究流于形式，不符合音乐艺术的特点等。

第6章　音乐教学程序

6.1　教学程序的内涵与特征

6.1.1　教学程序的内涵

每一位教师在进行教学工作时都要考虑“我先做什么，后做什么”，即要安排出一个教学活动的顺序来，我们称之为教学程序。教学程序通常也被称为教学的基本环节，是教学展开和发展的基本程序，也是教师组织、调控教学过程的具体步骤。很明显，教学程序是教师在遵循教学一般规律的基础上，进行主观上的一种安排，属“教学设计”的范畴。由于课堂教学的目标、内容和学生特点的不同，教师可能在不同内容的课堂教学中设计出多种样式的教学程序。这些教学程序是否都科学、有效，就要看是否符合教学过程的本质和规律了。所以说，教学过程与教学程序不是一回事。教学程序是对教学过程的客观研究基础上进行的主观设计，是主观性要素，应用规范性的语言加以阐述。教学过程则强调对主观设计的教学程序的客观实施过程，从教学结果来看是一个客观性要素，对它的阐述应是描述性的。虽然教学程序的本质和规律是可以认识和把握的，但从具体操作层面看又受时间、空间、物质条件等客观因素的制约，同时又受教师自身素质和所教学生的素质及主观能动因素的影响，不同的教师在实施同一教学程序时又会出现不同的教学效果。

由于教学是教师教和学生学的双向互动的一种有目的、有计划、有组织的双边活动，所以，教学程序不仅包括教师教的程序，还包括学生学的程序。

教师教的程序通常包括备课、上课、作业的布置与批改、课外辅导、学生学业成绩的检查与评定、教学反思、听课、评课等。这些基本环节环环相扣，相互联系，组成了教学的基本程序。这一程序的逻辑起点是备课，终点是学生成绩的评定，中心环节是上课。学校的教学工作遵循着这些基本程序，一个程序接一个程序地周而复始地运作。在这个过程中，各个环节均有其独特的任务与功能，其中，备课和上课是保证教学质量的基础和关键。

与教师教的程序相对应，学生学的程序通常包括预习、上课、参与课堂练习、复习、作业和系统小结等基本环节。学生的学是教学过程的出发点和归宿。

6.1.2　教学程序的特征

从设计的角度看，教学程序具有系统性和整体性、有序性和连贯性、开放性和多样性、宏观调控性和统一性等特征。

1. 系统性和整体性

教学系统是一个多任务、多层次、多要素构成的复杂系统。这个系统中的诸要素（如教师、学生、教学内容、教学策略、教学媒体、教学评价等）之间的内在联系是动态的，是知、情、意、行辩证统一的过程，所以，最佳教学程序是一项复杂的系统工程。在处理整体与部分的关系时，教师必须善于抓住主要矛盾，从整体出发，即正确处理单元与课时、单元与单元、单元与整体的关系，明确各层音乐教学目标和任务，做到有机结合。通过整体—部分—整体全面安排每一节课的教学。总之，在备课时要考虑到系统的整体是由许多局部的子系统组成的。根据教学过程的一般规律，从整体上周密设计一套操作程序，使各个因素有机结合、合理安排，优化组合各种要素，体现教学程序的系统性和整体性特点。

2. 有序性和连贯性

结合音乐学科的逻辑顺序和受教育者的身心发展情况，有次序、有步骤地安排教学程序，使受教育者能够有效地掌握系统的音乐知识和技能，促进身心和谐健康发展。有序性有三个方面的体现：把握教学内容的序，突出教学重点和难点；注意教学过程的序，按预定的教学程序实施；抓好学生学习的序，合理规划学习活动。构成教学程序本身的各个步骤及步骤之间的次序是连贯的，均能体现某种学习的规律，而不是任意的、人为的。

3. 开放性和多样性

教学的程序虽然有序，但在教学实施时教师又不一定受预先设计好的“框架”——程序所限制，从某种意义上讲，教学的程序是开放的，包括教学程序在内的课堂教学活动会在教学的对话与互动中不断地“生成”与“变化”。特别是学生的活力得以张扬时，就会冲破种种“按部就班”的教学程序，出现并非事先规定的新事件和活动。因此，这样的课堂教学要“有序”，但不能“程式化”和“刻板化”。

另外，教学程序是从实现教学目标出发，改变学生的已有水平，从而达到预期成就的过程。为此，教学程序设计应根据教学目标与学生已有水平的情况而有所变化。一般来说，音乐不同于其他教学领域知识与技能的学习，它具有不同的过程与条件，所以，其教学程序应有所区别。不同的教学模式的实施程序也是不同的，而且在音乐知识与技能学习方面，不同的阶段上也有不同的目标，因此，同是知识与技能的学习，也必须依据不同的具体目标，设计出合理有效的不同程序。总之，教学程序应突出音乐学科特点，切实反映各种学习规律，不宜形式化与一般化，否则就难以获得预期的效果。

4. 宏观调控性和统一性

从时间的维度看，教学程序包括学年、学期、单元、课时等，其中一节课的教学程序又可以细化为若干个基本程序环节；从形式的维度看，教学程序包括教学方法、教学策略、教学组织形式等；从条件维度看，教学程序包括宏观调控教学环境、教学设备、技术手段等；从主客体关系看，教学程序是由教与学的双边活动构成的，因此教学程序的设计能统一体现教学系统中教与学的互动关系。在教与学的关系处理方面，学生是学习的主体，经验的积累依赖于学生本身的活动，并非教师灌输的结果。由此可见教与学的辩证统一要求教师教的程序必须依赖于学生的学而又对学起促进作用，也就是要求教师必须充分了解与应用学生学习的规律来指导学生的学习。

6.2 音乐教学程序内容

6.2.1 音乐教学程序含义

为了达到音乐教学活动的预期目标，减少音乐教学中的盲目性和随意性，在教学工作实施之前，用系统的观点和方法，精心安排和组织各种音乐学习资源，根据音乐学科的特点和教学目标要求，选择适当的教学内容，制定合理的教学策略，明确教学的顺序及步骤，实施之后进行教学评价和教学反思、修改，直至获得解决问题的优化方案和操作程序。使之教学序列化的过程，被称为音乐教学程序。

音乐教学程序具体来说包括事前的学习和研究（包括现代音乐教育理论、音乐课程标准、音乐教材、媒体等）、明确学生学什么（教学内容）、目标是什么（教学目标）、为达到教学目标和更好地向学生传递教学信息，促进学生的学习而选择什么样的教学手段和教学方法以及使用什么样的教学技能（教学策略）、明确具体的教学过程是什么（教学步骤）、给学生布置什么样的作业（作业布置）、如何评价学生（教学评价）、对教学效果的自我评价和理性反思（教学后记）。

6.2.2　教的程序

6.2.2.1　备课

教学程序的逻辑起点是教师的备课，备好课是上好课的先决条件。课堂教学能否达到预定的目标要求，能否收到应有的教学效果，在很大程度上取决于课前准备工作是否充分、是否切合实际。备课是教师创造性的劳动，也可以说是教学艺术的案头设计。备课是教师依据音乐课程标准和教科书的有关内容，结合学生发展的需要选择合理的教学方法、教学媒体，设计教学过程，形成以课时或课程内容为单元而编写的、供课堂教学之用的具体方案，其中包括教学方案（教案）和说课方案。备课的基本步骤大致有以下几点。

1．分析音乐课程标准和研究音乐教材

音乐课程标准（教学大纲）和音乐教科书是教师备课的主要依据，它为音乐教师备课提供了基本材料和指导方向。

音乐课程标准是编写教材的依据，也是教师备课和学生学习的依据。教师要深刻领会课程标准中渗透的“以学生为本”“注重学生创新精神和实践能力培养”的精神；以音乐课程的性质和价值为依据，在突出音乐审美特性的同时，丰富音乐的人文内涵；音乐教学内容紧紧围绕情感态度与价值观、过程与方法、知识与技能三个层面来展现。教师要根据所授课学生的年级在音乐课程标准中查找相应的学段目标，根据所教内容在标准中查找相应的教学领域具体学段目标和要求，认真研读，领会宗旨所在。

钻研教材是为了掌握教材和正确处理教材，这是备课的核心，也是做好音乐课堂教学的根本。钻研教材分熟悉与掌握两个阶段。熟悉教材是指教师要反复聆听、演唱、演奏教材中的歌曲、乐曲，熟悉教材的指导思想和内容，理解教材的审美教育要求和知识、技能的要求，对教材的思想性、艺术性和表现手段等有全面、正确的理解。掌握教材应建立在熟悉教材的基础上，研究、分析教学目标，针对教学目标，选择恰当的教学内容与方法。教师在备课时，对教材中音乐知识的概念要弄通，对教材中的技能技巧要熟练掌握，要正确分析教材的难点、重点，设计克服难点、突出重点的具体教学方法。

2．调查了解学生，进行学习者分析

在教学活动当中，学生是学习的主体。只有调查了解学生，了解学生的学习准备状态及特点、学习初始能力、学习风格等，才能有针对性地上好每一节课。教师了解学生情况，一般包括以下几个方面：

（1）学生的年龄、性别、生理、心理发展状况，进入变声期的情况。

（2）学生的个性心理特征，学生业余爱好与特长、智力发展程度、思想状况及一般的学习情况。

（3）学生对音乐课的兴趣和态度、学习目的和学习方法，各类学生大约占全班的比例情况，学生的音乐审美情趣、审美爱好状况。

（4）学生已掌握音乐基础知识和基本技能的情况，尤其是原有知识与新知识的联系，以及对学习内容的认识与态度情况。

（5）学生对教师的态度。学生喜欢什么样的教师？教师是否具备相应的条件？如何改变自己的教学行为才能更好地满足学生的学习需要？

（6）学生参加课外音乐活动、家庭音乐活动和接触社会音乐活动的情况。

（7）班级的学习风气、组织纪律性、集体荣誉感的状况。

音乐教师要认真地对学生的情况进行了解分析，研究课程标准要求与学生实际水平的差距，有针对性地选择适当的方式方法，只有了解、掌握学生的情况，才能做到从学生角度、从实际出发进行教学。

3．查阅相关资料，创造性地选择与组合教学材料和汲取教学经验

教学不是教材内容的移植和照搬，它特别需要执教者的创造性加工。教师要根据音乐课程标准、教学目标、教材内容及学生特点，认真查阅资料，选择质量最好的符合教学内容、教学目标的文献资料和多种版本的音像、音响资料，经过重新组合、编辑，形成便于学生使用、符合学生需要的汇编教材。特别是结合本地区的实际情况、联系学生生活实际和学习实际对教材内容进行灵活处理，及时调整教学活动。如更换教学内容、重组教学单元、整合教学内容等。有必要时教师可以通过删除、补充或重新配音、录音等方式对现有教学材料进行修改、加工，使之符合教学内容与教学目标的需要。教师要善于了解、发现

学生及家长的自然情况，及时挖掘与教学内容相关的教育教学资源，可以请他们一起参与教学活动，使教学活动过程成为与学生生活实际密切相关的，由师生甚至是家长和社区人士共同创造、建构的过程。也可以利用各种学习机会学习同行教学经验、通过网上资源汲取他人教学经验，不断丰富自己的教学，开创适合自己学校（班级）的、有特色的教学。

4．确定教学目标及对应的课程标准

音乐教学目标的表述必须科学、规范、明确、具体，它是教师教学和学生学习的起点和归宿。音乐教学目标要注意内容的具体性、内容的可操作性、目标实现的及时性、目标设计的灵活性。从“教学目的”到“教学目标”，体现了从“教师为中心”到“学生为中心”观念的转变。教学目标所表述的不应是教师要教什么，如“通过教学，使学生……”“培养学生……”“让学生……”等表述方式，而应是学习者通过教学后将会做到什么，即教学目标应从学习者出发，根据课程标准和教材来设计目标要求及目标水平，是可观察和可测量的教学行为的表述，如“能够……”“体验……”“掌握……”“理解……”“创作……”“参与……”“体会……”等表述方式。

音乐教学目标一般和课程目标一样包括情感态度与价值观、过程与方法和音乐知识与技能教学等三个维度。这种设计，对学习者来说，目标清晰，明确具体，突出和强调学习过程和方法。当然这三种目标维度并不完全截然分开，更多的是融汇在一起。尤其是知识技能在教材中呈现一条暗线，这不仅突出了音乐学习过程中的情感态度因素，同时也使知识技能的获得伴随更加浓郁的情感色彩。这一点，无疑是新课程改革所要求的。

5．确定教学重点和难点

重点和难点常常指向两个不同的维度，前者就教学内容而言，后者就学生的掌握程度而言。一般来说，教师从音乐课程标准和教材的分析中找重点，从学生拥有知识经验等的分析中确定难点所在。具体地说，重点是在对弄清一堂课的知识要点的逻辑主次关系后进行分档排队，弄清它们的逻辑主次关系后确定课堂教学中要着力解决的基础知识，也是为了达到教学目标而着重指导学生必须熟练掌握的内容；教学目标中提到的不一定是重点，但教学重点一定在教学目标中体现。难点是教材中比较抽象且缺乏感性认识，理论性或技巧性较强，学生不易理解和掌握的知识和技能。应当指出，并非所有教案都要把教学的重点和难点作为单列出来的一项内容，有的可以包含在教学目标里，有的可以包含在讲授新课里。

6．进行任务分析

（1）分析学生的起点能力

起点能力是指学生在学习新单元或新课题之前原有知识和技能的准备以及学习态度和方法。如“能够判断《沂蒙山好风光》歌曲的调式”这一教学目标是学生的终点能力，这一终点能力的完成必须有先决能力，即知道我国民族五声调式的种类是什么。

（2）分析技能目标和其他支持性条件

分析学生从起点到终点之间必须掌握的具有台阶作用的知识、技能或态度倾向。教师也可以从重点目标开始，推导出学生从起点到终点需要跨越的台阶，设计相应的教学环节。

7．设计教学组织形式

（1）课堂桌椅空间形式

中小学音乐课堂座位编排方式有传统的秧田式、圆周式、小组式、会议式、U 形排列式等。音乐教学的实践性特点决定要根据人数的多少和教学内容及活动方式选择相应的座位排列方式，如适合人数少的有圆周形、正方形、长方形或六边形、八边形等。

（2）常用的教学组织形式

除了课桌椅这些空间形式的物体排列外，在教学过程中采用的主要组织形式有以下三种：

①全班组织形式。把学生按年龄或授课内容、音乐学习程度分成若干人的教学班集体授课。

②分组组织形式。按班级学生的学习差异分成小组进行教学。如，高中除感受与鉴赏之外的各音乐模块学习，可采用小组形式。

③个别组织形式。教师根据学生的不同水平、不同需要与学生一起制定学习范围和进度，提供各种材料，给予反馈和评定。如高中音乐教学技能学习时，可以采用这种形式。

8．合理安排教学方法

音乐是一个听觉的艺术，如何通过多种方式使学生感受和理解“声音的艺术”的内容，取决于教师选用的教学方法。教师要根据不同年龄学生的特点选择最佳的教学方法，发挥学生的多种感官通道，如果加以直观教具的辅助教学，充分调动学生的主动性及参与意识，就可使学生全身心地投入音乐。

9．设计教具、教学媒体等

为了提高教学质量和教学效率，要按照教学的需要和所教班级的实际情况准备好充足、合理的教具，调试好所需的教学媒体，设计好使用步骤。教师依据新课程的理念和自己的教学需要，因地制宜地开发、制作简单的教辅、教具，尤其是有利于学生自主、合作、探究学习的教辅和适宜学生交流感受、动手操作及在小组合作中使用的教具。

媒体使用目标与教学内容和教学目标之间有着密切的联系。

10．设计教学过程

（1）教学方案中的教学过程

教案的对象是学生，因此要把教学过程一步一步写清楚，这是教案的主体部分，也是教师编写教案时花费时间、耗费精力最多的部分。虽然不同课型的课堂教学步骤不同，但一般都包括以下几个部分：①导论——开场白或开场活动，如用游戏作为“热身”；②主体——一系列的教学活动；③结束语。

（2）说课方案中的教学过程

说课是近几年兴起的一种新的教研活动形式，现已成为广大教师必备的教学基本功之一。“说课”的对象是教师或研究人员，因此有关教学程序的具体内容只需作概括介绍，只要听者听清“怎样教”和“为什么这样教”就行了。使听者既能知其然，又能知其所以然，达到理论与实践的有机结合。这样能促进教师做教学性、教育性与艺术性的完美统一，从而实现由“教书匠”向教育行家与专家的根本性转变。

说课方案设计时必须思路清楚，可按照“教什么—怎样教—为什么这样教”的思路进行，只要能体现出课堂教学的概貌，符合教学准备时的思维过程，也符合听者的认知习惯即可。

①说清“教什么”和“学什么”

说明本单元或本课的特点和主要教学内容、教学目标、重点、难点、疑点、前后单元或与本单元其他内容的逻辑联系等。

②说清“怎样教”和“怎样学”

要求说清根据教材特点和学生认识特点采取的教学方法、教学手段，说清课堂教学的思路步骤、结构环节、板书设计、作业训练，如何突出重点和突破难点等项目。

③说清“为什么这样教”和“为什么这样学”

这主要是说清“这样教”和“这样学”的理论依据，包括音乐课程标准（教学大纲）等现代教育理论依据，教材编写意图、教学论、教育学和心理学的依据，等等。

④说清教学板书设计

说课要用一节课的四分之一或三分之一的时间说出一节完整课。要根据课型抓住这节课的基本环节去说。一般来说要说清以下环节：设计背景、教材、教学思路、教学目标、教法、学法、教学程序、设计意图、板书设计等。

11．板书设计

（1）板书的功能

板书就是在讲授新课过程中呈现到黑板或白板上（或在屏幕上显示）的文字或图标。它是教师教学意图的反映，借此可以引起学生的注意，从而使学生把握要点，理清层次，也便于学生抄写笔记和复习记忆。它一般在教案的讲授新课部分，把字写大或用彩笔勾示出来，总体规划，在讲解中分步完成。当然，为了突出和把握，也可以在教案里单列为一项。

板书是教师在课堂上向学生传递信息的一种教学书面语言，是课堂教学的重要辅助手段。在讲授中，板书能协同听觉，同时发挥视觉直观优势，使学生牢固地获得知识信息，从而提高教学质量。

总之，板书在教学中具有突出教学重点、难点，理清学生的学习思路，提高教学质量，集中学生注意力，引导和发展逻辑思维和形象思维，提高学习效率等作用。

（2）课堂教学常用的板书类型——板书、板演、板画

“板书”是教师写在黑板上的文字，它是各学科教学通用的一种板书形式。

“板演”是教师在黑板上讲解谱例、例题、推导公式、书写方程式等，是自然科学和音乐理论课教学中常用的一类板书形式。

“板画”是教师在黑板上描画的各种图画、图形、符号、表格等的一类板书形式。音乐课堂教学除上述三种类型外，经常使用的还有乐谱板书形式（包括五线谱和简谱）。

教师在实际教学中，根据教学内容和任务的需要，有时侧重使用以上四种板书类型中的一种，有时需要几种形式结合使用。好的板书设计，不仅能突出教学重点，反映事物的本质及事物之间的区别、联系，使学生获得完整清晰的知识信息，而且也能反映教师严谨治学的态度和对教材内容钻研的广度及深度。因此，板书设计也是教师教学设计的必要内容之一。

鉴于音乐课的学科特殊性，除各学科通用的三种基本类型外，还经常采用乐谱型、教具型、映象型板书。

（3）板书设计的基本要求

①语言精练、重点突出；

②字迹和乐谱书写规范、工整秀美；

③条理清晰、布局合理；

④形式多样、启发思维；

⑤板书的书写和出示要适时。

12. 教学反思

教学反思也称教学后记，是在教学过程完成之后的教学总结，也是对课时计划完成情况的总结，对教学效果的自我评估，或记载听课教师对此课的评估与意见。这是教师总结和积累教学经验的有效方式，是提高自身教学艺术水平的途径之一。

以上几方面可作为教师备课时编写课时计划的参考。教案的编写并无固定的模式，教师要发挥创造性，灵活掌握，以达到从实际出发，有针对性地上好每一节音乐课的目的。

6.2.2.2 上课——教师展开教学活动的过程

一堂课通常由导论、主体、结束三部分组成。

1. 导论

（1）导论的功能

导论通常指导入环节。良好的开端是成功的先导。巧妙设计导课环节就像歌剧中的序曲、乐曲中的前奏一样重要。开头开得好，就如平静的湖面上投石，激起一片思维涟漪，能引导欣赏者进入音乐的特定情境中，激活情绪，振奋精神，从而进入学习的最佳状态。

（2）常用的导入种类

①故事导入

故事导入就是教师根据教学内容的特点和需要，有针对性地讲一些与本课内容有联系的寓意深刻、轻松活泼、鲜为人知、扣人心弦的故事，如音乐记载的音乐家的逸事等。这样能使学生在听故事的同时，进入新课意境。

②问题导入

众所周知，思维是从问题开始的。

所谓问题导入，就是在教学开始，“设疑”作为学习的先导，编拟符合学生认知水平。富有启发性的问题，引发学生对新知识学习的积极性。

③谜语导入

在音乐课上教师为了强调用耳朵聆听音乐，常常采用谜语导入。

④生活经验导入

这是一种利用学生熟悉的生活经验导课的方法。例如，在海南省海口市录像课评比一等奖的海口小学韩颖老师执教《跳柴歌》一课时，就利用师生伴着音乐跳绳的方式导入。这样导入不仅增加了学生学习的积极性，引起学生对生活经验的回忆，还有利于理解掌握要讨论的基本概念和基本规律，养成学生理论联系实际的习惯。

⑤游戏导入

一个好的游戏导入，常常集新、奇、趣、乐、智于一体，能最大限度地活跃课堂气氛，为学生营造一个轻松愉悦、诙谐幽默的学习氛围。

⑥情境导入

情境导入是指创设一个与教学内容相关的、具体的和生动的教学情境，使学生为之所动，为之所感，产生共鸣。教学情境的创设是多种多样的。

教师可以利用形象生动的语言创设情境，也可以通过多媒体手段创设情境，还可以通过课堂环境的布置或师生的服饰创设情境。如有的音乐教师有意识地穿着与本课内容相关的服饰创设情境，或利用教室环境的布置贴近本课内容，给学生耳目一新的感觉，从而激发学生学习的欲望。此外，结合新课的内容进行情境导入也很重要。

⑦利用旧知识导入

以学生已学过的知识为基础，引出新的教学课题，注意引导学生温故而知新，从复习、提问以及做各种音乐练习等教学活动开始，提供新旧知识联系的支点，使从旧到新的导入过渡得连贯自然。用旧知识过渡的导入方法，成功地运用了从已知到未知的教学原则，自然导入新课，既巩固了旧知识，又为新知识做了铺垫，使学生感到新知识并不陌生。这是课堂教学中最常用的一种方法。

总之，要根据学生掌握知识的特点，结合本课的教学内容做一个富有情趣的开端，为整节课打下一个良好的基础。

2．主体

主体部分是教学的主要部分，即根据设计的程序展开一系列的教学活动。不同的教学内容，选择不同的教学模式，即使是同一教学内容也选择不同的教学方法和不同的教学模式，不同的教学模式采用的程序是不同的。

3．结束

结束教学是在完成一个教学内容或活动时，教师引导学生对知识进行归纳总结，使学生所学知识和技能形成系统，以达到转化、升华的行为方式。

（1）结束的功能

①强调知识、技能技巧的重点，概念和规律的关键及概括所学知识的结构。

②引导学生回忆知识、技能技巧形成的过程，接受新知识、新技能技巧的思维方法；对完成各种类型的练习、实验操作、回答问题等进行小结、评价；使所学内容和已有的知识结构紧密联系起来，建立知识系统。

③重申所学知识、技能技巧的重要性和注意事项。

④设计悬念，促使学生的思维活动拓展延伸，并以此诱发学生继续学习的

积极性及主动性、创造性。

⑤检查或引导学生自我检测学习效果，及时促进学生将所学知识转化为能力。

结束教学方式的分类、结束教学的效果取决于教师自身的素质，不同的教学内容、教学活动、教学目的、教学对象决定着不同类型的结束教学。

（2）常用的结束类型

①归纳式结束

多用于教学结束时，针对某一个或几个知识点之间所进行的画龙点睛的总结。在音乐基础知识教学或技能技法教学中经常得到运用。如前面列举的欣赏教学《老虎磨牙》就用了这种总结归纳式结束。

②比较式结束

教师引导学生将新学到的知识和技能，与原有的知识和技能，或两种关系比较密切而又不易区分的知识和技能进行比较分析，从中找出各自的本质特征和基本属性以及内在联系与区别，从而更加准确、深入地理解、掌握所学的知识和技能。比较是受知识的性质、知识之间的关系所限制的。

比较式结束常用的方法主要有直接比较和间接比较、横向比较和纵向比较、同类比较和异类比较等。

③练习式结束

练习式结束是教师通过提问或进行小测验等形式，使学生以口头或书面以及操作的形式对所学知识进行练习，从而达到理解、巩固、消化知识，把知识转化为技能的目的。运用练习式结束，练习题的设计要紧紧抓住知识点，突出重点内容，注意启发学生，加强记忆、理解，掌握其内容的强弱规律，由浅入深，层层递进，使学生真正有所体验和理解，并能创造性地运用到音乐中。

④活动式结束

活动式结束是教师根据教学内容，以全班或小组为单位的，以巩固、理解、掌握所学知识为目的组织的活动，如趣味游戏、知识竞赛、技能表演比赛、观察制作、小组讨论等。运用活动式结束，准备要充分，组织要严密，活动内容要紧紧围绕教学内容，形式力求新颖，趣味性强；同时要力求突出知识重点，强化知识主线，力争让每一个同学都参与进来，并有所体验，有所收获。音乐课堂教学中的活动式结束，不可偏离主线，为活动而活动，要适时、适度、恰到好处。

⑤系统归类总结

系统归类总结多用于一个单元性知识的复习或总结时，可采用讲解、列表、图示等方法。

（1）讲解法

讲解法是由教师或通过学生把所学知识的要点、主要内容、需注意的事项等用语言表达出来，从而达到结束教学目的。讲解语言要精练、准确，概括性强。

（2）列表法

列表法是采用表格的形式，把知识的重点按照一定的项目填在列出的表格中。使用列表的方法归纳总结教学内容，所列项目完整体现知识，层次清楚，条理清晰，使学习者一目了然，更便于记忆和掌握各知识点之间的相互关系。

（3）图示法

图示法是运用示意图再现知识的结构、主线，揭示知识的关系、联系和区别。

结束部分要根据教学目标的内容和要求，恰当地选用结束的方法，使学生明确教学重点，掌握知识要点，及时巩固所学知识。课堂小结要紧扣教学内容、知识的重点和结构，使学生把所学到的新知识及时地归纳到已有的认知结构中，使所学知识系统化、条理化。丰富多样的结束形式，可以增强学生学习兴趣。结束语简明扼要，有利于学生回忆和指导记忆，加强理解。在组织练习和活动时，要注意培养学生的口头表达能力和书面表达能力，以及操作实践能力。

总之，一节课的结束部分若是设计精彩，运用得当，会给学生留下思索的余地，增强音乐课的魅力。精辟的小结和对课程重点的概括，能起到画龙点睛的作用。

6.2.2.3 作业的布置与批改

教师结合所学内容为学生布置作业，包括演唱歌曲、聆听音乐、演奏乐曲、预习新课相关内容、查找音乐家相关资料和音乐知识等。

6.2.2.4 学生学业成绩的考查与评定

考查主要是针对学生的学习和掌握知识与技能情况；总结主要是针对教学效果、教学内容、教学方法等方面。通过考查与总结，找出教与学的优缺点及存在的问题，进而找出改进教与学的措施和方法。

6.2.2.5　教学反思（教学后记）

一个好的程序设计既要体现对教学过程的良好预见，更要体现对教学过程的深刻反思。通过反思既可以提高教师的教育教学水平，也可以使教学过程成为一个有机相连的整体。如何更好地实现教学反思，成为下一次教学程序展开的最佳起点，这是每位教师面临的新课题。

教学反思是教师着眼于教学活动过程来分析自己某种行为、决策以及所产生的结果的过程，是一种通过提高参与者的自我觉察水平来促进能力发展的手段。每一节课结束后，教师都应该结合自己的教学实践活动，记录学生面对问题时出现的各种反应，及时总结，分析研究，有目的、有意识地回顾、反思教学过程的每一环节，形成经验总结。

教师如何在教案设计编写中实现对自己教学过程的反思呢？最简单的办法就是课后在教案的相应空白处写反思日记。教师课后对教学过程进行深思回顾，可以及时、准确地写下教学体会，进一步充实、修正原来的教案，可以使实践中发现的问题，经过思考形成一种具有共性的认识，不断提高自我剖析、自我提高、自我完善的能力，不断改进以后的教学，使课堂教学更紧密地与自我发展、与学生成长联系在一起。此外，教师在每一节课前，也应该反思相关教学情境，写出教学预见，然后对照学生活动，及时调整，由此不断提高自己的教学预见能力，避免总是事后总结。

6.2.2.6　听课与评课

听课与评课是教师教学中必要的组成部分，评课是听课的延续，也是备课和上课的进一步延伸，富有意义的听课和评课能提升备课的质量和上课的水平。每一个教师几乎都有听课与评课的经历，因而掌握听课与评课的技能技巧，既有助于提高教师的教学水平，也有助于教师自身进行课堂教学反思。

1. 听课

听课实际上是对课堂进行仔细观察并记录的活动，它对于了解和认识课堂有着极其重要的作用。

2. 评课

评课是教学评价的重要组成部分，是对照课堂教学目标，对教师和学生在课堂教学中的活动及对教育效果进行的价值判断。它广泛存在于各种教育活动中，是教学工作不可忽视的基本环节。评课大致可从以下几个方面入手：

（1）教学思想是否正确；
（2）教学目标的表述及达成程度；
（3）教学结构的适宜程度；
（4）教学目标、内容、方法的协同程度；
（5）教学组织形式的合理程度；
（6）教材的恰当运用程度；
（7）教法选择的合理程度；
（8）学法指导是否科学；
（9）师生关系融合程度；
（10）课堂的管理和秩序情况。

总之，评课不仅包括对教师教学情况的评价、对学生学习活动的评价、对教师教学程序设计和教学材料的选择与利用情况的评价，还可以就课堂环境、教师空间的安排等发表评论。

6.2.3 学的程序

在教学活动中，教师的活动——教，有一定的程序，同样，学生的活动—学，也应该遵循一定的规律。在新一轮的教学改革中不仅强调教师教学的改革，更重要的是关注学生学习方式的改变，重视学生良好的学习能力的培养。教师可以利用讲座或班会的形式向学生介绍各种好的学习方法，也可由学生互相介绍学习方法，教师进行及时比较、评论，使学生不断养成良好的学习习惯。在学生学的程序中大体包括以下几个方面。

6.2.3.1 学习准备性

学习准备性是学生在开展学习活动时首先具备良好的学习准备状态，即学生在从事新的学习活动时，其原有的知识水平和心理发展水平对新的学习材料的适合性。如果具备了学习准备性，在后面的学习中就会觉得很合适，有很高的学习效率，如果错过这个时期再学习，学习就会不合适，有困难。心理学认为，良好的学习准备不仅保证学生在新的学习中有可能成功，还应使他的学习在时间和精力的消耗上经济合理。

学习准备性包括情感的、认知的和技能的几方面，可以在预习这一环节中体现。如学生在学习爵士乐之前，首先从情感上喜欢这一内容，愿意主动查阅相关资料，对爵士乐获得浅显的、初步的认知，并能尝试模仿哼唱或演奏等。

这样，学生就具备了良好的学习准备性。

6.2.3.2　预习

预习是开展学习活动的开始，是对一节课或一个阶段课堂上将要学习的内容的准备。每一个学生都带着自身的经验和背景来预习，在预习中都将有自己独特的体验和感受，这些体验和感受可以作为课堂上交流的材料。学生上课前基于教材内容所进行的联系生活和社会实践活动所进行的调查、所搜集的材料等都可以看作预习。如，在学习民族管弦乐《瑶族舞曲》之前，可以让学生查阅瑶族的有关信息，以便课上交流。

其实，预习的形式可以是多样的。预习不只是为了完成预设的教学任务，更重要的是为了使课堂上形成更多的“生成性”内容。预习可以是个人行为，也可以是集体（小组）行为。对课堂上要学习的内容，有时候需要预习，有时候则不需要预习，预习使课堂教学变得充实、丰富，使课堂上的交流充分、深刻；不预习使学生对学习内容保持新鲜感，有一种探究的欲望和热情，有助于思维的敏捷性。总之，是否需要预习要根据教材中的每一单元或每一课以及学生的具体情况而决定，教师要灵活掌握，学生灵活运用。

6.2.3.3　上课——学生音乐学习活动展开

教学程序实施的教学过程是教师的“教”和学生的“学”共同参与、相互作用的过程。上课时体现在学生“学”的程序是认真听课、主动思考、积极回答问题、参与课堂练习、记好笔记等，这是学生学会学习的重要环节。具备良好学习能力的学生在听课时能从情感上积极主动地参与课堂学习活动，从思维上能灵活机智地对教师的讲解迅速做出反应，从行动上能恰到好处地表现自己的行为。

学生音乐学习过程，一般包括以下几个阶段。

1. 感知阶段

音乐是情感的艺术、音响的艺术。音乐的特性决定了一切音乐学习要从感知入手，这不仅符合认识论的规律，也体现了音乐教学的特征。正如美国音乐教育家雷默所说，“音乐体验是在感觉基础上的深刻体验”，人类认识是由感性认识能动地向理性认识逐步上升和转化的过程。在音乐教学中，认识的主体是学生，他们需要对音乐的认识；认识的客体是教材，是人类实践经验的概括和总结包括音乐作品及音乐知识。音乐学习是在教师引导下，通过音乐作品的音响，让学生获得对音乐的认知。因此，在音乐教学过程中，必须让学生从感知开始，形成对音乐表象的认识，为下一阶段的理解打下基础。在音乐教学内容中，无论是唱歌、欣赏、奏乐或音乐基本训练，都必须从感知开始。如达尔克罗兹的体态律动学，强调用身体动作来感知基本音乐理论；柯达伊教学法的柯尔文手势，用不同的手型的高低位置来表示七个唱名的音高，用视觉来辅助听觉的感知；奥尔夫教学法主张通过拍手、拍腿、跺脚、捻指等动作，使学生感知节奏。作为时间艺术的音乐，由感知开始是音乐教学的特征。没有感知阶段，无法使音乐教学深化，无法调动学生学习的主动性与积极性。感知是音乐技能技巧形成的基础，是发展音乐能力的前提。

教师通过示范，借助直观教具、生动的语言、实践练习等，引导学生在感知阶段获得感性认识，同时还可通过参观、访问、听音乐会等直观性教学活动获得感性认识。学生直接参与练习，就是由感知开始，然后逐步形成技能技巧。

2. 理解阶段

感知只能获得表象认知，教师必须引导学生在感性认知的基础上不断提高，进而对其本质的理解，这就是感性认识能动地向理性认识的转化。感知与理解两个阶段没有明显的界限，感知的内容不断地充实丰富，并且逐渐反映出本质的特征，就转化为理解。如欣赏教学中，初听乐曲，感受到乐曲的情绪是欢快的、优美的、悲伤的、激昂的、壮美的还是雄壮有力的等，这是感知阶段的体验。至于为何、怎样体现乐曲的情绪，如何表达乐曲的情感，这就是理解阶段所要求掌握的。教师只有在反复带领学生在聆听的基础上由浅入深地挖掘音乐要素在音乐表现中的作用，启发学生对音乐的深刻理解，以及对乐曲的创作背景的了解，才能体会乐曲的思想内涵和作曲家的内心情感体验。这些经验的获得都是建立在充分感知的基础上进行的，一定要避免传统教学中教师脱离音乐单纯地讲解乐曲的创作特点和创作背景的教学方法，要牢记，一切音乐知识的获得都应贯穿于实践过程中。

在唱歌教学中同样如此，学新歌之前学生应反复聆听教师或录音的范唱、范奏，形成音乐表象，初步感知歌曲的情绪及旋律的起伏，然后再感知其音调。当学生能积极主动地、熟练地把旋律流畅地哼唱出来，并能按歌曲的内涵表现其情感，对于旋律的学习来说，学生已经进入能动的理性认识了，然而，对于整首歌曲的学习还未完善，只有能熟练地、声情并茂地演唱歌词，并能自如地表达歌曲的情感，音乐的形象才算完整，歌唱教学才真正由感知转化为理解的过程，并为巩固和运用阶段做了准备。

理解必须通过实践，经过独立思考，转化为学生自己的理解。从感知到理解，要依赖音乐的听觉、记忆等心理活动，还要通过练习与实践，在实践中验证所学的知识是否理解了。理解在音乐教学过程的基本阶段中起着承上启下的作用，是发展创造性思维和独立学习能力的中心环节。因此，它是教学过程中最基本、最重要的阶段。在教学过程中，教师要充分发挥学生的思维能力，引导他们进行体验、比较、分析、综合，做到融会贯通地理解音乐教学内容，使学生逐步掌握音乐基础知识。

3．巩固阶段

人类的认识必须经过反复实践才能巩固，这是认识过程的规律。从感知到理解，学生初步掌握了所学的音乐知识和技能，但由于历时短暂，其掌握的知识和技能是很不牢固、很不熟练的，往往容易遗忘。教师必须通过多种形式及时引导学生反复练习，深刻领会，加强记忆，做必要的保持和深化工作，以巩固学生所获得音乐知识和技能。

巩固练习要在新的知识与技能的感知形成后立即进行，而且贯穿于音乐教学过程的始终。这一过程必须在学生的积极努力下进行，才是有效的。有的学生在教师进行单调的“再来一次”的练习中处于消极状态，结果必然是不理想的，甚至适得其反。复习应该结合学生的实际情况，提出新的要求，这样才能调动学生的积极性，增强记忆，保持并深化知识与技能。巩固是一个长期的、不断反复练习的教学过程，应变换多种形式。随着教学的逐步进展，由感性到理性转化，巩固也随之深化。

4．运用阶段

在实践中运用所学的知识，对学生自觉而牢固地掌握知识和发展他们的认识能力具有重大的意义。这是脑、手、身体结合起来的活动，对学生的身心发展也有好处。

技能技巧主要是在实践练习过程中形成的。音乐知识的运用往往是在已形成一定的技能技巧之后。学生在掌握音乐知识后一定要运用到实践中。如学习歌曲《沂蒙山小调》，理解掌握民族音乐创作手法“鱼咬尾”后，运用这一手法即兴创编旋律以加深对这一创作手法的理解。

歌唱是一种受高级神经系统支配的发声活动，正确的姿势是呼吸和发声的前提，呼吸是歌唱的动力，共鸣是音色的加工与音量的扩大，加上正确的咬字吐字形成歌唱。学生在教师的指导下，注意各部分动作的配合协调，形成了在神经中枢意识支配下的歌唱发声练习。通过反复的练习，产生一系列的条件反射，最后达到自如的歌唱发声，便形成了歌唱的技能技巧。音乐知识和技能技巧往往是相互促进、循环往复、不断深化的。例如欣赏教学中学生学会辨别民族乐器的音色后，运用这一技能就可以判断教师播放的乐曲片段集锦，分别判断每首乐曲是由什么乐器演奏的。例如，二胡演奏的《二泉映月》、琵琶演奏的《十面埋伏》、古琴演奏的《流水》等。总之，要有目的、有计划、讲究质量和有效益地运用所学音乐知识和技能，课外音乐活动、社会音乐实践也是运用音乐知识和技能的良好途径。

音乐学习过程的四个基本阶段相互渗透、相互促进，各自又有特定任务和相对独立性。在教学中不是每节课都必经这些步骤，要从实际出发制定教学过程的步骤，使其更科学合理。由于对音乐教学过程的规律还探索得很不够，学术界也存在不同认识，对这一极为复杂的过程，有待于音乐教育界进一步研讨。

6.2.3.4 练习

练习是影响学习的重要因素。练习可分为若干类型，按时间分配方式分，有集中练习和分散练习；按任务分配方式分，有整体练习和部分练习；按反应的性质分，有内隐练习和外显练习；按教学形式分，有课堂练习和课外练习；按练习的目的分，有预备性练习、训练性练习和创造性练习；按练习内容分，有心智技能练习、动作技能练习和文明习惯练习（卫生习惯、守时习惯等）。

练习的效果受多重因素的影响：①重复的次数。一般而言，重复的次数越多，效果越好。但研究表明，不动脑筋、不知结果的机械重复不能促进学习。②练习类型。分散练习通常优于集中练习。特别是对于年龄比较小的儿童或练习内容比较枯燥时尤其如此。练习的曲目偏大或材料量很大时，部分练习较优，而学习数量较少时，通常整体练习较优。外显练习一般优于内隐练习，但外显练习中的反应必须与学习材料的关键内容有关。

练习的过程分三阶段：①开始阶段。动作不熟练，技能形成较慢，教师要注意学生操作的准确性。②中间阶段。练习在速度上、效果上迅速提高，达到准确、合理的程度。③结束阶段。技能提高速度逐渐变慢，出现停滞状态。教师指导总结经验，使动手与动脑相结合。练习过程特点因练习内容和个人有差异。

练习的程序是：一般由教师提出练习任务，说明要求和方法，并示范，然后学生独立练习，教师个别指导，最后进行检查，分析和总结。

6.2.3.5 自主学习

自主学习是不仅指学生对音乐教学内容的自主认知，也包括对认知活动的自我调节和管理技巧。具体内容包括知道自己怎样感知和认识、怎样记忆和思考音乐材料、预计自己学习操作的成绩、有计划地分配学习时间和精力、自主检验自己的学习结果等。学生的自学不限于课堂内，还有课外自学，各种工具书等文献资料、音像资料、网上图书馆等都是进行自主学习的得力助手。当代学生应具备信息的检索能力，具备整合信息、加工信息等自学能力，这也是快速适应知识浩如烟海的现代社会所必不可少的。

6.2.4　教学程序设计时应注意的问题

教学程序设计时应注意以下方面的问题：

①从创设情境、激发学习兴趣入手，调控音乐教学全过程；

②用自主学习、尝试探究创作，培养学生的创新精神和音乐实践能力；

③以活动参与、实践操作引领学生感受、体验音乐，表现和创造音乐；

④让质疑问难、商议讨论在前，共同寻求解决方案；

⑤在不同教学模式中实施不同的教学程序；

⑥灵活安排教学程序各环节，根据情况可以增加部分环节，如设计意图、设计亮点、观点争鸣、专家评说、举一反三等。其中设计意图包含教学设计理念、设计目的等；内容分析包含音乐课标分析、教材分析、学情分析、资源分析等；设计亮点包含最具有代表性的设计片段、思路等；现场实录即教学程序实施的过程；自我反思即设计者对实施过程的自我评价、自我分析、自我反思等；观点争鸣即旁观者对本案例的不同点评、不同声音，包括赞同的、反对的、不置可否的等，这些点评意在引起读者或参加研修的教师们的思考；专家评说包括对不同观点做简要点评以及具体阐述及专业引领性的建议；举一反三即举出一些相关现象，设计问题，引导读者或研修的教师进一步深化反思，并寻找、设计处理的对策和方法等。

第7章 音乐教学过程

7.1 音乐教学过程概述

研究教学过程的目的在于分析教学过程的内在因素及其相互关系，揭示教学过程的本质和规律，明确教学过程的基本任务，为合理地展开教学活动，选择相应的教学方法提供依据。

7.1.1 教学过程的内涵

7.1.1.1 教学过程概述

所谓教学过程，是指教学活动的启动、发展、变化和结束在时间上连续展开的程序结构。在实际教学中，教学过程概念的含义有广义与狭义之分。从广义上看，它是指不同层次的教学过程。如音乐课程中一个学期或一个单元的教学过程，也可以指从小学至大学的音乐课程从开始到结束的教学过程，甚至还可以指音乐教师教学生涯的整个过程。从狭义上看，它是指一节课的教学实施过程。本书所研究的重点是实施预先设计的一节课的教学程序时所表现的教学过程中的诸个问题。这里要分析的教学过程指的是课堂教学活动的启动、发展、变化和结束在时间连续性上展开所需要经历的基本阶段。通常人们划分教学过程基本环节的依据是：在教师引导下，学生学习一个相对完整的知识内容所需要经历的基本阶段。

7.1.1.2　《基础教育课程改革纲要（试行）》中有关“教学过程”的规定

教师在教学过程中应与学生积极互动、共同发展，要处理好传授知识与培养能力的关系，注重培养学生的独立性和自主性，引导学生质疑、调查、探究，在实践中学习，促进学生在教师指导下主动地、富有个性地学习。教师应尊重学生的人格，关注个体差异，满足不同学生的学习需要，创设能引导学生主动参与的教育环境，激发学生的学习积极性，培养学生掌握和运用知识的态度和能力，使每个学生都能得到充分的发展。

7.1.1.3　新课程标准下对教学过程的理解

把教学过程与方法视为课程目标之一是新课程的特点之一。传统的教学过程，仅仅是为了实现教学目标的操作环节，是为终极目标服务的，强调教学结果。新课程要求下的教学过程与结果并重，强调二者的统一。音乐教育是审美教育，其目标更多地体现一种“润物细无声”的潜效应。它对学生的影响是潜移默化的，即许多目标蕴含在教学过程之中，参与过程本身也就是目标，二者是相互作用、相互依存和相互转化的关系。

教学过程是一个特殊的认识过程，是一个促进学生全面发展的过程，它是学生在教师有目的、有计划的指导下认识与发展相统一的活动过程。新课标下教学过程可作这样的表述：教学过程是师生双方在教学目标的引领下，以教材为中介，教师组织和引导学生主动掌握知识、发展能力，形成良好个性心理品质的认识与发展相统一的活动过程。具体如下：

1．从结构来看，它是一个以教师、学生、教学内容、教学目标和教学方法、教学环境和教学反馈为基本要素的多维结构；新课程下的教学过程是多种要素的有机结合体。

2．从功能看，它是引导学生掌握知识、发展能力、形成良好心理品质的认识与发展相统一的过程。

3．从性质看，教学过程是师生为实现教学任务和目标，围绕教学内容，共同参与，通过对话、沟通和合作活动等多向互动，动态生成教学活动的过程。

7.1.2　音乐教学过程的内涵与本质特征

7.1.2.1　音乐教学过程的内涵

音乐教学过程是教师引导学生感受和体验音乐、表现和创造音乐的过程，是使学生掌握一定的音乐知识和技能、获得身心健康发展的过程，也是使学生形成一定的情感态度与价值观的过程。这是一个随着时间的推移进展变化的过程，因此它是动态的过程。

教学过程是实现课程目标的重要途径，教师是教学过程的组织者和引导者。新课程要求教师在设计教学目标、利用教材和选择课程资源、组织教学活动、运用现代教育技术以及参与开发学校课程等方面，必须以学生的发展为本，面向全体学生，因材施教，创造性地运用先进的教学方法进行教学。

教学过程是教师引导学生进行音乐实践活动的过程，是学生经历学习的过程，是学生自己建构知识的过程，它突出了对学生创新精神和实践能力的培养。

教学过程是促进学生发展的过程，同时也是促进教师本身成长的过程。因此，教学过程是师生交往、共同发展的互动过程，这种互动不是单向的，而是多向的，如师生互动、生生互动、人机互动、师师互动等，而且互动的过程中又包含“情”动、“心”动、“思”动、“行”动等多方位的活动。

7.1.2.2　音乐教学过程的本质特征

由于受音乐学科性质、教学领域、教学内容、学生素质、教师素质和能力等因素的影响，即使同样的教学程序由不同的教师执教，其教学过程中也会产生不同的教学效果；同一个教师在不同的班级按照同样的教学程序教学，在教学过程中也会产生不同的教学效果。因此从实施的角度看，教学过程具有动态性、发展性、多样性、教育性等特征。

1．动态性

教学过程是教师和学生共同完成的活动，这种活动不是把“教的活动”和“学的活动”简单相加，而是教师与学生在“对话”“交流”与“沟通”中，师生以教学资源为中介的交往互动的过程，是一种特殊的人际交往过程。由于在实施教学过程中受教师个人教学态度、知识结构、能力、性格等主观因素和学生的学习态度、兴趣爱好、能力水平等能动因素的影响，教学过程亦是多向互动、动态生成的过程。

2．发展性

教学过程不仅仅局限于学生的认识过程，它是促进学生多方面发展的过程。从这个意义上看，音乐教学过程是促进学生“知”“情”“意”“行”诸方面和谐发展的过程。

3．教育性

教学过程的教育性在任何时期、任何历史条件下都是一个不可否认的客观事实。通过音乐教育人、培养人，是音乐教育的终极目标。因此，音乐教育过程不仅是学生认识和理解音乐作品、掌握音乐知识和技能的过程，同时也是培养学生对音乐的积极态度，并通过潜移默化的音乐审美教育，发展学生和谐的个性、健全的人格、高尚的情操，促进各方面能力提高的过程。另外，教师的思想、言论和行为也时刻影响着学生。

4．多样性

教学过程并非“千课一面”，而是“千姿百态”的。不同的教学目的、教育对象、教学内容、教学条件等因素的结合，构成了教育过程的千差万别，多种多样，同时又受教师和学生自身因素、特点的制约。另外，从教学任务看，不同时期、不同条件下，对教学任务的要求又有所侧重，因此不同程度地影响了教学过程要完成的传授知识、技能、发展能力、形成个性等多方面任务的完成，由此构成了教学过程的差异。

7.1.3　音乐教学过程的本质和规律

7.1.3.1　音乐教学过程的本质

教学过程的本质应该是一个多层次、多类型的结构，音乐教学过程的本质的多层次、多类型具体表现为：

1．从认识论角度看，音乐教学过程是教师指导下的特殊认识过程；

2．从心理学角度看，音乐教学过程是学生心理发展的过程；

3．从生理学角度看，音乐教学过程是发育成熟的过程；

4．从伦理学角度看，音乐教学过程是净化心灵、陶冶情操、完善人格、形成良好的思想道德意识和行为习惯的过程；

5．从教育学角度看，音乐教学过程是教书与育人紧密结合的过程，是师生交往的动态过程；

6．从音乐学角度看，音乐教学过程是师生共同感受美、体验美、表现美和创造美的过程，是促进师生身心健康发展的过程。

7.1.3.2 音乐教学过程的规律

由对教学过程本质的认识必然引出对教学过程规律的分析。认识并掌握这种规律性，根据规律设计、组织和管理教学活动，是提高教学质量的保证。教学过程的运动、发展和变化规律，是教学过程中必然存在的。它是相互依存、相互作用的各种因素的稳定的联系。

1．音乐教学过程的基本规律是由审美规律所决定的

音乐是听觉的艺术、情感的艺术、表现的艺术、实践的艺术和创造的艺术。音乐的特殊性决定了教学过程应充分体现音乐学科特点，要提供充足的机会让学生主动参与音乐活动。因为音乐所有的内容都有体验性和操作性，所以不管是音乐知识的传授还是音乐技能的训练，这些教学方式还是音乐与学生生理、心理相互作用而产生的内心感受，都要遵循音乐的基本规律和学生学习音乐的特点。由此，要求强调体验音乐丰富的情感，在情感体验中感悟音乐过程的美，积累丰富经验，鼓励学生创新表现等。要特别注重对音乐实践能力的要求，这也真正体现“培养学生创新精神和实践能力”的课程理念。

音乐教学活动不只是 1+1>2 的认识活动，而是 1+1>2 的感性活动。如欣赏教学时，作品分析任务下的聆听，往往注意音乐作品的各个局部，如主题发展、和声进行、曲式结构、织体类型、音色搭配、力度变化，等等，是“尸体解剖”式的认识活动，这一过程偏重理性。而音乐审美强调对音乐生命的整体把握和感受，强调 1+1>2 的“感性体验基础上的深刻感悟”。

另外，音乐教学过程应该避免审美饱和。假如连续倾听一首音乐作品，不可避免会产生审美饱和现象，即“听腻了”，就像欣赏一幅图一样，逐渐由图形退化为背景。心理学将这种现象理解为感觉对刺激的“适应”。如果教师连续应用相似的教学方法教学，在持续一段时间后，学生就会感到“厌烦”，所以，教师应经常变换教学方式，选择多彩的音乐作品丰富学生的审美视野，始终使学生的审美处于积极投入的状态。

2．音乐教学过程是“亲历的知”和“学理的知”的有机结合（间接经验与直接经验相统一的规律）

“知”有两种途径，一种是体验感悟的知，即学生通过亲身参与活动探索获得的直接经验；另一种是书本学习的知，即通过前人的认识成果，这里主要指人类历史经验的积淀获取的间接经验。音乐艺术自身的特性——非语义性和不确定性，决定了音乐教学过程应以体验学习为主。传统课堂上，教师的讲解和表演多，学生亲身参与体验少；新课程标准则强调音乐学习应注重学生的亲身体验，强调情感态度与价值观的统一，因此，音乐教学过程尽量为学生创造

“亲历的知”的机会，尽可能多地将“学理的知”感性化。充分利用多媒体展示古今中外的音乐及其相关文化，将理性信息变为感性信息，发挥学生的多种感官通道，让学生的心灵亲历这些感性音乐世界，获得比理性信息更多的感知体验。如音乐欣赏中，传统音乐文化包括宗教音乐、宫廷音乐、文人音乐和民间音乐，其中民间音乐包括民歌、民族器乐、民族歌舞音乐、戏曲音乐、说唱音乐。平时学生接触多的是民歌和民族器乐，对其他传统音乐知之甚少。由于音乐的文化性，被称为雅乐的宫廷音乐和文人音乐，已不是单纯的听觉意义的音乐。如果欣赏教学中只是让学生聆听音乐的“声”，而不去阐释它原来的文化意义，也就达不到让学生“知乐”的目的，更谈不上“理解基础上的深刻感觉”。所以，教师可以充分发挥多媒体的作用，多方搜集资料，全面展现传统音乐的综合活动，引导学生把握其中的音乐文化含义，在此基础上对其中的音乐进行审美体验，获得 1+1>2 的“深刻的感觉”。

总之，教学中要充分利用学生已有经验，增加学生学习新知识所必须具有的感性认识，处理好间接经验和直接经验的关系。教师的教学要做到理论联系实际，学生的学习要做到“亲历的知”和“学理的知”的有机结合，达到知与行的高度统一。

3．掌握音乐知识与发展智力、培养能力和形成良好心理品质相统一规律

音乐教学过程不仅是传授和掌握知识的过程，还是发展智力，培养能力和形成良好思维、心理品质的过程。新课程强调，教学过程应改变传统教学中只关注学生获取知识多少的状况，而应关注学生的情感态度与价值观和一般能力的培养及良好心态的形成，即关注学生的全面和谐发展。音乐是实践性很强的学科，音乐教学过程要求学生通过感受与体验音乐、表现与创造音乐，通过不断地观察、想象、思考、记忆和创造，学生的观察能力、注意能力、想象能力、记忆能力和思维能力都能得到相应的锻炼和提高，这个过程正是智力发展的过程。因此，我们的教学要自觉地、有目的地、有计划地发展学生的智力。特别是当今时代，只有发展了学生的智慧和创造力，才能应对知识激增和科技革命的挑战。由此可见，掌握知识与发展智力是相互联系、相互依存、辩证统一的。

著名心理学家皮亚杰认为，“科学永远在演进中，它是一个不断构造和改组的过程”。新课程强调学生的学习过程是一系列的信息加工的过程，是认知结构的重组和扩大的过程，而不是单纯的知识积累过程，是学会学习、学会合作、学会关爱、学会宽容、学会给予、学会分享、学会激励、学会创新的过程。另外，学生思想品德、人生观、世界观和价值观的形成，都离不开自身所拥有的知识，都要以一定的自身经验和理性化知识为前提。音乐教学中的知识传递，不仅可以提高学生的认识，增进知识、智慧与才能，更能帮助学生明辨真善美，

识别假丑恶，树立崇高理想。而且，学校的音乐教学内容、教学活动以及教学环境都具有教育性，无时无刻不是以某种价值观念、思想倾向、行为方式、文化氛围教育和影响着学生。而学生思想水平的提高和良好行为的养成，又必将推动学生更积极、更自觉、更有效地学习。因此，科学的教学过程，应是关注学生形成科学的思维方式和思维习惯，进而发展各种能力，形成良好的个性心理品质的认识与发展相统一的过程。

4．智力因素与非智力因素相统一规律

在音乐教学活动中，除了重视智力因素的培养外，还要重视非智力因素的培养。音乐教学活动不仅能促进学生观察力、记忆力、思维能力、想象能力等智力因素的发展，对学生非智力因素如兴趣、情感、意志、性格等的培养也有重要作用。音乐是情感的艺术、表现的艺术。音乐教学要抓住这一特征，提供给学生更多当众表现的机会，这不仅能培养学生具有丰富的情感，还可以很好地培养学生的自信心，形成健全的人格。音乐教学过程中，我们既要重视认知、操作目标的培养，也要重视情感领域的目标培养，使智力因素与非智力因素相互促进、协调一致、共同发展。决不能片面强调音乐教学技能技巧训练，而忽视音乐审美情感教育，必须使二者相互结合、相互渗透，这样才能真正体现音乐教育的本质。

5．教师主导作用与学生主体作用相统一规律

教学过程是教师和学生共同完成的过程，其中，教师起主导作用，学生是学习的主体，二者在教学过程中相互统一。教师的指导是学生学习和发展的基本条件，但是，教师主导作用的发挥是针对能否诱导学生学习积极性，能否组织学生自主地、有效地学习而言的，因为学生毕竟是学习的主体和自我发展的主体，离开了他们的自主能动性、积极参与性和活动创造性，教师的主导作用也就无落脚之地。因此，在教学中只有将教师的主导与学生的主体两方面结合起来，才能获得最佳的效果。另外，教学过程的核心要素是师生间是相互沟通与交流、倡导教学民主、建立平等和谐的关系，营造学生之间互相合作的学习氛围，为学生的全面发展和健康成长创造有利的条件。这也符合新课程所倡导的“以人为本”“以学生为本”的教学理念。

7.2　音乐教学过程中的要素与关系

教学过程是一个多层次、多因素的复杂系统。教学过程的基本要素呈现多向性的特征。目前提法很多，主要有“二要素”说、“三要素”说、“四要素”说、“五要素”说、“六要素”说、“七要素”说等。其中以“三要素”说和“七要素”说较具代表性。“三要素”说认为，组成教学过程的基本要素有三个，即教师、学生和教学内容。“七要素”说是在上述要素的基础上发展起来的。我国著名的教学论专家李秉德认为，教学活动是由学生、目的、课程、方法、环境、反馈和教师七个要素组成的。在以上几种提法的基础之上，又出现了新的视角和新的观点。有人将教学过程的要素区分为构成要素（教师、学生和教学内容）与影响要素（教学目的、教学方法、教学环境）。还有人将教学过程的要素划分为主体性要素、条件性要素和过程性要素三个维度，每个维度又包括不同的要素，最终教学过程的要素达到九个。音乐教学过程的基本要素按照这三个维度划分概述如下。

7.2.1　音乐教学过程的主体性要素与关系

教学活动的主体既是教师，又是学生，教师是教授活动的主体，学生是学习活动的主体，两者都是教学活动的主体性要素。音乐教师是音乐教学活动的组织者和实施者，是学生学习的合作者、参与者、引导者和管理者。音乐课程标准的理念、音乐教学目标的实现，要靠教师去贯彻和完成。教师以其特有的教学思想、教学观念、教学态度、教学能力、知识结构、个性品质参与教学的整个过程。

学生是教师工作的对象，是教学质量和教学效果的体现者，也是音乐教学过程的主体因素。学生以其自身的思想品德，知识基础，能力、体力、心理品质的发展水平，参与教学过程，实现其认知与发展水平从低级向高级、从量变到质变的发展过程。因此，在教学过程中，必须调动学生的自觉性、主动性和积极性，否则教学就会成为无源之水，无本之木。

教师和学生这对相对独立而又联系密切的教学要素，在教学过程中也有着显著的差别，双方处于一种相互对立而又相互依存的关系。教师在整个教学活动中发挥着主导性作用，学生也要发挥其主观能动性，表现出充分的学习积极性和创造性。教师与学生将互教互学，彼此形成一个“学习共同体”教学过程不只是教师忠实地执行课程方案的过程，而且是一种动态的、发展的、真正成为师生富有个性化的创造过程。

7.2.2 音乐教学过程的条件性要素与关系

音乐教学过程的条件性要素是指在一定的条件下有形和无形的特定的教学时空环境，主要包括物质条件和精神条件两个要素所构成的教学环境。教学的物质条件作为一种有形环境即物质环境，包括校园的内外环境的美化、教室设备、音乐器材和环境布置的完美，现代化教学技术条件、手段与设备的完善，图书资料等的合理配置以及气候与温度的变化等，这是教学过程中的客观依据和物质保证。无形的环境即指精神环境，如社会风气、校风、班风，还有课堂上的气氛、师生之间和同学间的人际关系等。

教学条件的两个要素，是教学活动展开所必须凭借的条件，它制约着教学过程。教学的物质条件对教学的意义是显而易见、不可缺少的；而教学过程的精神条件与环境，对师生双方的教与学的活动有着非常重要的作用，良好的人际关系、校风、班风，和谐而热烈的课堂气氛都会为教与学的活动不断地提供积极向上的动力。教师和学生也可以在一定程度上去制约教学环境。

7.2.3 音乐教学活动的过程性要素与关系

从教学过程的展开来看，音乐教学的过程性要素包含五个方面的因素。

7.2.3.1 教学目标

教学目标既是教学过程的起点，也是教学过程的终点。从宏观上说，音乐教学过程是为了促进学生的全面和谐发展，培养具有良好素质的社会公民，这是开展教学活动的着眼点；从宏观上说，是规定音乐学科为达到宏观目标所应完成的教学任务；从微观上说，是要解决音乐学科中的一个学习单元或者一节课所应达到的具体目标所应完成的具体教与学的任务，这是教师开展教学活动的着手之处。在教学活动中，上述不同层次、不同性质的教学目的任务构成了一个完整的教学目标体系。总之，教学目标的实现过程就是学生学习、发展的过程，也是师生共同努力达到预期发展水平的过程。教学目标要体现音乐课程标准等现代音乐教育理念的要求，反映音乐教材特点，符合学生的学情。

7.2.3.2　教学内容

教学的内容因素体现为音乐教育的课程计划、课程标准（教学大纲）、系列化教材等。教学内容是学校教学活动中实质性最强的因素，它是由一定的思想、知识、能力等方面的内容所组成的体系，是教师为实现一定教学目标，在教学活动中使用的、供学生选择和处理的、负载着知识信息的一切手段和材料。它既包括以教科书为主的图书教材，又包括视听教材、电子教材以及来源于生活的现实教材；既是教师进行教学的基本材料，又是学生认识世界的媒体。教材可分为有形的（物质的）和无形的（精神的）。不同版本的教材具有不同的编写体例、切入视角、呈现方式、内容选择及图像系统，多样化教材为不同地域、不同文化特点的学生提供了广阔的空间。在现代音乐教学中，比较传统的教学内容，其形态已经发生了非常大的变化，课程设置的求实性、课程内容的时代性、课程形态的多样性都为现代教学活动不断增添新的活力，同时也增强了教学内容研究的复杂性。

7.2.3.3　教学方法

教学方法是教师为顺利达到教学目标而采用的教学方式、方法、手段以及教学技术、各种教学组织形式和教学艺术等。在教学的实施过程中，它主要受学生特点、教学内容、教师自身水平、教学环境等因素的制约。教学手段的运用对于教学目标的实现具有关键性的作用。由于教学是一个动态的过程，因此教学方法与教学手段亦不是固定不变的。教学的实践和发展过程，是教学方法与教学手段不断创新，不断丰富和多样化的动力源泉。随着社会形态、生产与科技、教学理论与教学实践活动的不断变革，教学方法与教学手段也不断经历着推陈出新的变革。因此，音乐教师不仅要不断地丰富自己的音乐教育理论知识，提高音乐专业水平，而且要深入研究，借鉴国内外先进的音乐教学方法，学会应用先进的音乐教学设备和教学手段，这样才能适应快速发展的社会需要。

7.2.3.4 组织教学

教学活动的组织形式直接影响着教师教学过程的展开与实施。由于音乐学科的特殊性，有班级教学、小组教学、个别教学等不同的教学组织模式，教学的具体目标与任务、教学方法的选择与运用，都有着明显的差异。现代教学的实施中，各种教学形式都具有各自的不同功能，教师要有针对性地合理配合运用。

7.2.3.5 教学反馈（评价）

教学反馈（评价）是师生双方围绕教学活动进行信息传递的交互活动。这种信息交流的情况进行得如何，要靠反馈来表现。不把教学反馈作为教学过程的因素之一，也是对教学活动认识的片面。教学反馈主要靠教师有意识地捕捉来自学生方面的反馈，除了包括测验与考试等的教学评价外，教师对学生课外特别是课堂上表现的观察也是捕捉反馈信息的重要渠道。

总之，教学过程中这些因素在教学活动中不是孤立的，是相互影响、相互制约的，在时间、空间上，不断地重新组合，使教学过程呈现出一种动态的过程，导致教学过程呈现不同的发展水平。教学目的起着龙头与导向作用，决定着教学内容的选择；教学目标与教学内容共同决定着教学方法、教学手段、教学形式、教学评价的方式。反过来，教学活动中所采用的教学方法、教学手段、教学形式、教学评价又是为实现教学目标、完成教学任务服务的。教学检查与评价是实现教学目的任务的重要保证因素。教师是整个音乐教学活动的组织者、引导者和管理者，起主导作用。学生是音乐教学过程的主体因素，是教师工作的对象，是教学质量和教学效果的体现者。在教学过程中，教学环境会对教师和学生产生有利的和不利的影响，教师和学生也会对环境发生作用，教师设法控制或适应环境，使其对学生的学习产生有利的影响。同时，教学过程也受社会和家庭的影响，社会的经济政治的需要、生产力发展水平、家庭环境、育人的方式、家长的期望值等直接或间接地影响着教学过程，使学生由不知达到知，由知之较少达到知之较多，由发展水平较低达到发展水平较高。教学过程要注意内在因素的最佳组合，也要注意内在因素与外在因素相互影响与相互一致。上述各教学要素在教学活动中一环紧扣一环，互相协调、互相促进，显现出教学过程的整体效能。

7.3　音乐教学过程的阶段和任务

在音乐教学过程中，由于每堂课的教学内容与形式以及学生学习方式的不同，所以每堂课教学过程的幕本阶段也是不同的。在具体教学活动中，音乐教师应根据教学内容的需要及学生音乐学习的心理发展规律，从实际出发制定教学过程不同阶段的步骤，确定与之吻合的教学任务，使其更科学合理。

从音乐教学过程的基本任务来看，音乐教学过程的本质是智力素质提高和非智力素质提高的统一。长期以来，音乐教学过程曾被片面地认为是音乐知识传授的过程，其实音乐教学过程是音乐知识传授与能力培养的统一，即应该提到素质教育的高度来看。

具体来说，音乐教学过程的任务是根据学生的年龄特点和不同的音乐教学内容、不同的教学领域、不同的音乐教材，确定其不同的教学任务。

7.3.1　音乐教学过程阶段论

从不同角度去分析教学过程，会对教学过程的阶段或环节提出各异的操作框架。如果不是从严格的意义上去划分，而是着眼于教师上课时的具体操作，那么，我们通常讲的“教学过程的阶段”“课堂教学的环节”“课的结构”“课堂教学的模式”等也就多少有一些交叉和重叠。下面我们分析几种具有代表性的音乐教学过程阶段论。

7.3.1.1　三阶段论

三阶段论将音乐教学过程的基本阶段划分为：运行前准备、运行中展开、运行后总结等三个阶段。

1. 运行前准备阶段（备课）

（1）音乐教学目的任务具体化。教师根据培养目标要求，在研究教学系统（学生情况、教学条件、教师可能性等）特点的基础上，把音乐教学目的任务具体化。

（2）音乐教学内容具体化。根据教学任务，考虑学生的特点，使音乐教学内容具体化。

（3）音乐教学手段具体化。教师筹措教学手段，根据已查明的系统的特点，选择最优的教学方式和方法。

2．运行中展开阶段（上课）

（1）导入与形成意向。教师引起学生的学习兴趣，使学生明确学习目标，产生学习动力，并概括教材的重点。通过导入教学激发学生学习的主动性、积极性和学习意向。

（2）示范讲解与形成表象。教师通过富有情感的范唱、范奏，生动形象的语言讲解，使学生接受、理解教材，对学习内容形成表象。

（3）指导练习与形成技能。学生在教师指导下，将所学的知识用于实践，通过练习掌握方法，形成技能，并在反复练习中巩固知识，熟练技能。

（4）综合评价与深化迁移。对知识、技能的掌握情况进行检查与自我检查，主动调节教学过程的进程。教师指导学生运用知识、技能，纠正错误，使学生的知识、技能得到深化、发展和提高。学生通过教师反馈信息（教师的评价），使知识和技能熟练、深化、迁移，获得进一步发展。

3．运行后总结阶段（教学效果分析）

师生对教学过程进行阶段性的结果分析，查明尚未解决的任务，以便在教学过程新周期中予以考虑。

该理论按系统论较多地阐述了教学过程的不同阶段。这里的“教学过程”与本书所强调的“教学程序”即教学的基本环节相吻合，它是从宏观的教学设计角度来认识教学过程的阶段的。其中“运行中展开阶段”与本书所探讨的“教学过程”是一致的。

7.3.1.2　四阶段论

四阶段论是将音乐教学过程划分为感知、理解、巩固、运用等四个阶段。教学过程的四个基本阶段相互渗透、相互促进，各自又有特定任务和相对独立性。

该理论是从认识论角度分析教学过程的四个阶段的，显然，这种教学过程阶段的划分为教学程序安排提供了一个框架、一个认识论的基础。

教学过程既可以由具体到抽象，又可以由抽象到具体；既可以由认识到实践，又可以由实践到认识。

7.3.1.3　各分阶段论

各分阶段论是按不同的音乐教学内容各自阐述教学过程的不同阶段以及相关的教学任务。

1．唱歌教学的基本阶段和任务：组织教学—基本技能训练（发声练习、视唱听音等）—复习检查—新授过程—巩固练习—课堂小结及布置作业。

2．欣赏教学过程的基本阶段和任务：组织教学—复习旧课—导入新课—讲授新课—巩固练习—课堂小结及布置作业。

该理论是从不同的教学内容出发阐述教学过程的不同阶段。这个阶段的划分比较传统，随着教学改革的不断深入，课堂教学结构的组成部分正在发生变化，具体表现为如下倾向：

1．将“预习”作为课堂教学环节，纳入课堂教学结构。

2.“复习检查”这一环节有取消的倾向，因为将一堂课的黄金时刻用于复习检查，势必影响任务的完成，降低教学效果。

3．加强“巩固新课”环节，注意当堂检查教学效果。及时获得反馈信息，以便采取矫正补救措施。

7.3.1.4　横向、纵向结构论

该理论是将音乐教学过程的基本结构分为横向结构和纵向结构。其中，横向结构是以音乐的活动内容与形式来划分的，具体分为四个部分：感受与鉴赏、表现、创造、音乐与相关文化等；纵向结构是由音乐教学活动的顺序和课时安排来划分的，具体分为四个阶段：起始阶段—展开阶段—生成阶段—结束阶段。

1．横向结构

（1）感受与欣赏：听觉感知、音乐想象、音乐要素、情绪情感、体裁形式、风格流派等。

（2）表现：演唱、演奏、综合艺术表演、识读乐谱等。

（3）创造：探索音响、制作简单乐器、模拟音响、即兴创造、创作实践等。

（4）音乐与相关文化：音乐与生活、音乐与舞蹈、音乐与美术、音乐与戏剧、音乐与影视、音乐与文学、音乐与艺术之外的其他学科等。

2．纵向结构

（1）起始阶段：组织教学、诱发兴趣、导入新课等。

（2）展开阶段：创设情境、唤起注意、探究发现、参与活动等。

（3）生成阶段：激发情感、互动交流、创造表现、感受体验、联想拓展、建构生成等。

（4）结束阶段：情感交流、迁移创造、教学反馈等。

这里说的横向结构实际是根据音乐课程标准提到的四个不同教学领域提出的，纵向结构则是按一堂课教学的逻辑顺序来分析音乐教学过程的不同阶段，以及阐述各个阶段所应完成的教学任务。

综上所述，在认识音乐教学过程的基本阶段和教学任务之前首先要了解课的结构及各组成部分，明确不同阶段学生所要学习的教学内容、学生的学习类型特点和教师教学采用的方式手段等。

7.3.2 音乐课的结构分析

课程的结构是指课程的组成部分及其进行的顺序和时间分配。根据课的结构的含义，可以从以下三方面分析课的结构。

7.3.2.1 音乐课的结构的组成部分

课的类型决定课的结构。课的类型可分为单一课和综合课。

单一课是在一节课内完成一种教学任务的课，从不同的任务角度看，一般有新授课、复习课、练习课、检查课以及分析作业课、实习作业课等：从不同的教学领域看，有合唱课、音乐欣赏课、器乐合奏课等。

综合课是一堂课内完成多方面教学任务的课。课的类型不同，其结构也不一样。如在一节课中将唱歌、欣赏、器乐、律动、综合性艺术表演、创造及音乐常识等教学内容进行合理安排，不断变化学习方式以激发学生参与活动的积极性。在基础音乐教育教学实践中大多采用综合课的形式。

例如，音乐欣赏教学或音乐综合课教学过程的基本阶段包括：

导入——激发兴趣，唤起参与愿望。

展开——提供多种参与情境，使不同层次的学生都有参与体验的愿望与机会。

深入——师生进行深层次交流，思维充分展开。

拓展——通过练习、评价总结活动，深化情感练习及知识技能迁移。

总结——精辟的小结，简要概括学习的重点和提出将来学习的要求。

上述五个环节是综合课结构的基本组成部分，其他课型的结构也无非是这些基本部分的不同组合。

7.3.2.2　课的组成部分进行的顺序

综合课的结构模式是建立在将教学过程划分为感知、理解、巩固、运用、检查等阶段理论基础上的，因此，五个环节的顺序是教学过程顺序的具体体现，它可作为课堂教学的基本顺序。一般说，各科教学可依据此顺序确定教学步骤，依次演进。但是，课堂教学的顺序又受教材的逻辑顺序和学生认识顺序所制约。教师在安排教学环节的顺序时还必须遵循上述的两个“序”，通盘考虑，灵活安排，变通运用，不可机械照搬，千篇一律。在环节的设计上，可突破五个环节教学模式的框框，只要将一堂课划分为前后相继、互相关联和配合的几个大部分，然后再将各部分划分为更具体、更细致的步骤就行，但要力避烦琐，便于掌握。

在课的组成部分的顺序上，既可采用“递进式”顺序（前后相继，井然有序），也可采用“波浪形”顺序（波浪起伏，疏密相间），还可采用“螺旋式”顺序（将教学内容设计为一个个小循环，使之螺旋上升，逐步升华），但不可追求形式主义，务必保证其科学性和实效性，同时，教学基本阶段的展开要体现教学过程的完整性，不要顾此失彼，厚此薄彼，应确保教学任务的全面完成。

7.3.2.3　各组成部分的时间分配

科学地分配教学阶段的时间是提高教学效率的重要途径。时间分配得科学与否，其依据是：保证教学任务的完成；全面安排，机动灵活。

关于课的结构的研究为课堂教学活动的组织和教学步骤的安排提供了一种操作的范式。长期以来，课堂教学程序的安排大体是按照这一范式（包括许多变式）来运作的。但这一程序安排对课堂教学中学生心理活动的变化显然注意得不够，也未能充分考虑知识的不同类型对学生学习的要求。

7.3.3　各种教学和学习类型的基本阶段

随着教学心理研究的进展，人们对学习者在学习过程中的内在心理活动越来越重视，并且把教学看成创造一定的外部条件和环境来激发、维持和加强学习者内部活动的过程。如美国心理学家加涅就认为，学习是一个发生于学习者头脑内的活动，这一过程有八个阶段，即动机阶段、了解阶段、获得阶段、保持阶段、回忆阶段、概括阶段、作业阶段、反馈阶段。教学必须有与这一过程相应的措施来促进每一阶段的学习活动。这样，相应的措施就成为教学过程的重要因素。同时，教育心理学家们还注意到，不同类型的知识（陈述性知识、程序性知识、策略知识）应当有不同的学与教的过程阶段。

7.3.3.1 讲授型教学过程的基本阶段

讲授型教学过程的基本阶段包括：①铺垫引入，展开目标；②启发诱导，探求新知；③变式练习，反馈矫正；④形成测试，评价回授；⑤归纳小结，深化目标。

7.3.3.2 研究型教学过程的基本阶段

研究型教学过程的基本阶段包括：①创设问题，明确目标；②独立思考，互相研究；③提问精练，释疑解惑；④变式练习，反馈矫正；⑤归纳小结，发展深化。

7.3.3.3 系统学习类型教学过程阶段

系统学习类型教学过程阶段包括：①激发学习动机；②理解教学材料；③巩固知识经验；④运用知识经验；⑤教学效果测评。

7.3.3.4 问题解决学习类型教学过程阶段

问题解决学习类型教学过程阶段包括：①从实际生活经验的情境中形成问题；②观察、调查问题，认清问题症结所在；③收集解决问题所需的资料（数据、信息）；④考虑各种解决方案，加以研究，并作出假设；⑤实际应用并验证假设。

7.3.3.5 课题系列学习类型教学过程阶段

课题系列学习类型教学过程阶段包括：①提出问题与课题，使学生直面矛盾与障碍（困难），引起学习动机；②使之分析问题与课题的目标与条件，认清矛盾与难点所在，抓住真正意义上的问题，理解课题；③使之探讨适当的解决原理、可能的解决方法及手段、计划解决活动；④实施解决活动的计划，实现问题与课题的目标；⑤检验、评价，总结学习的结果，使进一步学生反复练习与应用练习。

7.3.4　实施音乐教学过程时应注意的问题

7.3.4.1　音乐教学过程的有效调控

音乐教学过程要注意有效调控教学目标，使其符合学生实际，并使教学目标具体化；有效控制教学内容，吃透教材，掌握各部分教材的内在联系；优选音乐教学方法，达到教有法，无定法，贵得法；有效调控教学形式，保持教与学的积极性，促进教学相长；教师注意不断进行教学反馈、效果评价，不断总结经验，改进教学，有效调整音乐教学手段和教学过程。

7.3.4.2　音乐教学过程的有效参与和无效参与

音乐教学过程一定要围绕音乐展开学生的参与活动，而且要难易程度相当，太简单就容易造成无效参与，太难就会挫伤学生参与的积极性。尽量做到动觉参与和心灵参与的结合，做到动中有静，静中有动；动而不乱，静而不呆；动静交替，张而有弛，真正达到教学过程中学生能有效参与体验音乐活动。

7.3.4.3　正确处理音乐审美与综合的关系

音乐教学要以音乐审美为核心，紧紧围绕音乐展开各种活动。综合活动要强调以音乐为主的综合，不能只追求教学形式上的综合，避免表面上看似热热闹闹，而实际上脱离音乐本体，忽视学生音乐情感体验过程的做法。

7.3.4.4　根据学生心理特点组织教学

组织教学最基本的出发点就是集中学生的注意力，组织引导学生积极地参与音乐学习活动。心理学将注意分为有意注意、无意注意和有意后注意。教师在教学过程中如何吸引孩子的无意注意，引导学生的有意注意，利用学生的有意后注意来达到最佳的教学效果是非常重要的。

从心理学的角度研究注意可以发现，人的注意有起伏现象，即人的注意力不能长久地保持固定的状态，而经常是间歇性地加强或减弱，呈周期性的变化。心理学研究表明：12 岁以上儿童有意注意约 30 分钟。注意稳定的程度与所注意的对象本身的特点有关：一般地说，对象内容丰富、复杂多变，观察时注意可以在一定范围内运动着，注意就相对稳定和持久。另外，每年级、每班的学生各有其特点。因此，音乐教师要从实际出发，分析掌握教学对象的特点，充分利用音乐艺术内容丰富、教学形式多样的优势，采取生动活泼的教学方式，并根据学生的特点，正确处理课堂上发生的问题，保证正常教学的进行。

7.3.4.5 问题处理及偶发事件的应变

在实际教学中，音乐教师经常会遇到学生上课精神不集中、搞小动作、看课外读物等问题，教师要在以正面教育为主的前提下，进行处理。

课堂上出现纪律问题，音乐教师一方面要考虑自己的教学方法，从积极引导学生参与音乐活动的角度，来改善课堂纪律面貌，另一方面，教师还可以用暗示的方法。例如：从精神不集中的学生身边轻轻走过、提问旁边同学回答问题，或让他参加演奏、演唱活动等，转移他的注意力，使他专心投入课堂学习。另外，还可采用幽默的语言活跃气氛，在必要的情况下做严肃的批评，以制止“问题”的蔓延，维护正常课堂秩序。

在教学中，常常有始料不及的情况发生，例如：在欣赏录音乐曲时突然停电、集体练习中个别学生出怪声、走调引发哄堂大笑，等等。这时，教师是否具备良好的应变能力就显得甚为重要了。

目前，对音乐教学过程的规律还探索得很不够，对教学过程的理论问题，学术界也存在不同认识。音乐教学过程既受普遍教育规律的制约，又有其自身的特殊规律，是一个极为复杂的教学认识过程，有待音乐教育界进一步研讨。

第 8 章　音乐教学模式和方法

8.1　音乐教学模式和分类

8.1.1　音乐教学模式

8.1.1.1　教学模式

1．教学模式的概念

教学模式一词最初是由美国学者乔伊斯与韦尔等人提出来的，他们把构成课程（这里是指长时间的学习课程）、选择教材、指导在教室和其他环境中进行教学活动的计划或范型叫作教学模式。

在我国，对教学模式有各种各样的理解，审视这些观点，可以把教学模式的概念归纳为：教学模式是建立在一定的教学理论或思想基础之上，为实现特定的教学目的，将教学的诸要素以特定的方式组合成具有相对稳定且简明的教学结构框架，并具有可操作性程序的一种教学范型。

2．教学模式的特点

（1）优效性

教学模式是设计、组织和调控教学活动的一整套方法论体系。它不仅是相对稳定的教学活动的结构框架，也是经过优选了的模式，还是随着教学理论和实践的发展而变化的具有整体优化的策略或方法。它能从客观上把握教学活动的整体以及各要素之间的内部关系和功能。

（2）直观性

任何教学模式都是具体的、可操作的、程序化了的教学思想和理论，都是简化了的教学结构及其活动方式，是以精练的语言、象征性的图式或明确的符号去概括和表述教学过程。教学模式既能将那些纷繁杂乱的实践经验理论化，又能在人们的头脑中形成一个比抽象的理论更具体、更简明、更直观的框架，从而便于人们去理解、交流和应用。

（3）操作性

教学模式一方面总是从某种特定的角度、立场和侧面来揭示教学的规律，比较接近教学的实际而易于被人理解和操作；另一方面教学模式的产生不是为了空洞的思辨，而是为了让人们去把握和运用，因此，教学模式有一套系统的操作要求和基本的实施程序。教学模式的操作性特点，使得教学模式可以被学习、示范、模仿和传播，从而使教学模式的运用成为一种技术、技能和技巧，达到预期的教学效果。

（4）开放性

教学模式是一个动态开放的系统，需要不断产生、发展和完善。尽管教学模式一经形成就具有相对的稳定性，但这并不意味着该教学模式的内部机制和结构就一成不变了，相反，它总是随着人们对教学实践的认识、教学观念和教学思想的变化而不断地得到丰富和更新。一种有影响的教学模式之所以具有较强的生命力，就在于其可以在原有的基础上不断充实与提高，否则它就会被逐渐淘汰。

（5）针对性

教学模式包含了教学理论和教学理论基础、功能目标、实现条件、活动程序和评价等要素。任何一种教学模式都有它特定的目标、条件和范围，都有其特殊性，即明确的针对性。不存在对任何教学过程都普遍有效的教学模式。

3．音乐教学模式

音乐教学模式是教学模式在音乐教学上的应用，是在一定的音乐教学理论与实践相结合的基础上，为实现特定的教学目的而构建的、具有相对稳定而简明的教学结构框架，是具有可操作性程序的教学范型。

模式一般具有四种功能：一为构造功能，即其能揭示各系统、各部分之间的秩序及其关系，使我们可以整体而清晰地认识和把握事物；二为解释功能，即其能用简洁、明了的方式说明所观察的复杂现象；三为启发功能，即可揭示各种关系，表明某种排列秩序，给人们以启迪；四为推断功能，即可根据规律推断出预期的结果。这四种功能同样适用于音乐教学模式，是我们研究音乐教学模式的目的之所在。音乐教学模式通过筛选被实践证明为行之有效的音乐教学经验，通过对之整理、加工、概括和简化，将其构建为一种相对稳定的框架和活动程序，使教学方式趋向结构化、稳定化。该模式利用简明扼要的语言、文字或直观的、象征性的符号图形，来阐释复杂的音乐教学理论，有利于音乐教学理论与方法的普及与传播、音乐教师的培训与培养及对教学活动进行诊断与预测，使教师对音乐教学过程的控制和调节变得更为有效。

8.1.2　音乐教学模式分类

8.1.2.1　以教育目标分类理论为依据的音乐教学模式分类

1. 情感模式

情感模式是以感知美、体验美、理解美、表现美为目的的一种教学模式，如参与—体验模式、情境—陶冶模式等。

（1）参与—体验模式

“参与”是指在课堂上教师和学生以平等的身份参与教学活动，共同探讨、共同研究、共同解决问题；“体验”是指以学生主动参与教学活动，直接亲身体验作为教学的主要形式。

①理论基础

音乐美学理论、现代心理学理论是其理论基础。

②教学目标

以审美体验为基石，以学生主动参与和直接体验音乐活动为主要形式，促进学生的情感、认知和行为能力的协调发展，使学生身心和谐成长，陶冶心灵，确立健康的审美观。

③操作程序

其基本操作程序为：情感唤起，定向激趣阶段——情感深入；感知体验理解阶段——情感外化；创造阶段。

情感唤起阶段，以爱美为特征，激发、培养学生对音乐的学习兴趣；情感深入，即感知体验理解阶段，以鉴赏美为特征，培养学生高尚健美的审美理想和趣味；情感外化阶段，以创造美为特征，将内在的审美情感体验客观化、对象化、形式化。

④实现条件

参与—体验模式的实现条件是突出学生的主体地位。师生的地位是平等的，教师在教学中起主导作用，因为诸如何时让学生参与教学、以何种方式参与、如何有效利用参与活动等问题，都是需要教师根据具体情况精心设计的。

⑤评价

首先，该模式的优点在于能够充分发挥学生的主体作用，调动学生的学习积极性，活跃课堂气氛，使学生在愉快中学习，增强学生学习音乐的兴趣，提高音乐注意力，增强音乐记忆力，最终达到终身热爱音乐的目的。其次，此模式鼓励学生运用多种渠道进行参与如歌唱、演奏乐器、律动、表演、创造等，充分调动学生多种感官，发挥通感的作用，提高了学生感受体验音乐、表现音乐、创造音乐的愿望与能力。再次，参与—体验模式能够增进师生之间、同学之间的情感交流，培养发展良好和谐的人际关系。然后，该模式也有利于课内外结合，把音乐课堂延伸至课外、校外、家庭。最后，这种教学模式打破了封闭式的模式，能充分发挥学生的积极性、创造性，使每个学生成为教学活动的主人，从中获得许多新鲜的感受，很受学生的欢迎。

（2）情境—陶冶模式

该模式是指在教学活动中运用语言、实物、音乐等手段，创设一种生动真实的情境，激发学生积极的情感，培养学生的个性与审美人格，提高学生的自主精神和合作精神，让学生在轻松、愉快的教学气氛中获得感受美、欣赏美、创造美的能力。

①理论基础

情知教学论，现代心理学理论和以此为基础的“暗示教学理论”是其理论基础。

②教学目标

通过情感、认知与行为的多次交互作用，使学生的情感不断得到陶冶、升华，身心协调成长，个性得到健康发展，同时又学到音乐基本知识和技能，形成正确的审美观。

③操作程序

包括创设情境、情境体验、总结转化几个阶段。在创设情境阶段，根据教学目的，教师可通过语言描绘、实物演示、音乐渲染、电化教育等手段为学生创设一个生动形象的场景，以激起学生学习的兴趣。在情境体验阶段，可通过参与各种游戏、唱歌、听音乐、表演等活动，使学生在特定的气氛中进行学习。在总结转化阶段中，教师要做启发总结，使学生领悟所学内容，做到情理的统一，并使这些情感体验得以转化为理性认识。

④实现条件

这一模式中教师是学生情感的“激发者”和“维持者”，因此要求教师具有多种能力，并把音乐器材、教具、教学环境布置好。要有融洽的师生关系，师生一起进入角色，使情境更加入情入理，达到诱导学生情感和促进学生认知的目的。

⑤评价

这种在情境感受的基础上进行的教学，由感受而动情，由动情而晓理，由晓理而实践，把认识与情感统一在同一情境中，充分利用认识过程的情感因素。与单纯感知相比，其效果更好。

2. 行为模式

行为模式是以动作和心智的技能为目的的一种教学模式，如示范—模仿教学模式、行为—辅助教学模式等。

（1）示范—模仿教学模式

①理论基础

示范—模仿教学模式是历史上最古老的，使人类经验得以产生和传递的基本模式之一，也是创造活动的基础。是指教师有目的地把示范技能作为有效的刺激，以引起学生相应的行动，使他们通过模仿，有效地掌握技能的一种教学模式。技能学习着重于学生行为习惯的控制与培养。学习理论是技能学习的基本的理论基础，诸如动机理论、强化和反馈原则、主动练习原则、集中练习与分散练习原则、整体学习与部分学习原则、学习迁移原则等都是技能学习应该遵循的。

②教学目标

使学生掌握一些基本的音乐表演技能。

③操作程序

其操作程序是定向—参与性练习—自主练习—迁移。定向阶段，以教师对技能的示范为有效的刺激，引起学生相应的行为反应，使他们通过模仿，有成效地掌握技能的操作原理和程序。在参与性练习阶段，由教师指导，学生经过模仿、纠正、重复、改进，形成正确的技能行为反应。自主练习阶段发生在学生已基本掌握了动作或操作要领后，学生加大练习活动量，进行自主练习。迁移阶段是对模仿的进一步深化，指在学生熟练地掌握了动作与操作要领之后，能够举一反三，灵活运用于新的学习或创造性的活动，即形成了某种音乐能力。

④实现条件

技能的形成主要是学生自己练习的结果，教师对教学的控制量相对较少。

⑤评价

学生执行活动量大，主体作用突出，教师的主导作用体现在定向、技能示范、正误辨析、总结等教学环节上，只能起示范、指导、组织的作用。

（2）行为—辅助教学模式

①理论基础

行为—辅助教学模式是指在音乐技能学习中，设计和使用一些教学媒体作为辅助手段，激发学生学习兴趣，使学生从多种途径理解、掌握音乐技能，提高学习效率，加快技能掌握进程。该模式的理论基础是现代心理学和学习理论。

②教学目标

通过教学媒体等辅助手段，对人的多种感官提供刺激，调动视、听等多种感官发挥作用，使学生获得来自不同方面的感知与体验，诱发学生的积极思维，形成学习音乐的兴趣。

③操作程序

这种模式的基本实施程序是：定向—辅助练习—自主性练习—迁移应用。

定向阶段是设计选择教学媒体等辅助手段的阶段。在辅助练习阶段里，学生借助教学媒体等辅助手段进行学习。在自主性练习阶段，教师要有意识地加大练习活动量，让学生自主练习。迁移阶段即最后阶段，是迁移应用，使学生能够举一反三的学习阶段。

④实现条件

在这一教学模式中，现代化的教学媒体是必备的教学条件。教师要设计选择教学媒体等辅助手段，启发学生动脑、动口、动手去获取知识，掌握技能。学生也要有很强的自主学习能力。

⑤评价

行为—辅助教学模式充分发挥了现代化教学手段的作用，调动学生多种感官，减少行为技能的学习难度，有效利用有限的学习时间，培养学生运用中介物调整自己的学习方法、步骤、进度的能力，提高了学习效率。

3．认知模式

认知模式是以发展学生智力为主要目的的一种教学模式，如传递—接受教学模式（包括传统模式、启发模式、讨论模式等）、引导—发现教学模式、自学—指导教学模式、探索—创造教学模式等。

（1）传递—接受教学模式

①理论基础

传递—接受教学模式是我国中小学教学实践中长期以来普遍采用的一种基本教学模式。它源于赫尔巴特及其弟子戚勒提出的“五段教学”，后经过苏联凯洛夫等人的改造传入我国，我国教育界又对其做了适当的调整和修改。此模式注重教学的教育性，注重新旧知识的联系，注重知识的系统性，至今仍有重要的现实意义。

这一模式的理论基础是辩证唯物主义的认识论和有关的心理学、教育学基础理论。它把教学看作学生在教师指导下的一种对客观世界的认识活动。

②教学目标

这一模式主要运用于系统知识、技能的传授和学习。

③操作程序

其基本的程序为：激发学习动机—复习旧课—讲授新知识—巩固运用—检查评价。通过教师传授使学生对所学的内容由感知到理解，达到领会，然后再组织学生练习、巩固所学内容，最后检查学生学习的效果。

④实现条件

其教学活动是师生双方共同的活动，教师直接控制着教学过程，并按照学生认识活动规律来进行教学，教师支配整个教学进度，支配学生的学习过程。

⑤评价

传递—接受教学模式之所以被我国中小学普遍采用，成为我国的基本教学模式，是由于它有以下几个优点：第一，它能使学生在单位时间里较为迅速有效地获取更多的知识信息，突出地体现了教学作为一种简约的认识过程的特性，是人类传播系统知识经验最经济的模式之一。第二，它能有效地发挥教师的主导作用，易于达到预期的教学目标。这一模式主要适用于学科课程的书本知识教学，适用于加强基础知识和基本技能的训练，适用于班级授课制的课程教学。但在这种教学模式下，学生往往处于被动地位，不利于学生学习主动性的充分发挥，因此该模式多年来遭到了各方面的批评。然而正如美国心理学家奥苏伯尔所指出的，接受学习不一定都是机械被动的，关键是教师传授的内容是否具有潜在的语言材料，能否与原有的知识结构建立实质性的联系；教师能否激发学生主动从自己原有的知识结构中提取有联系的旧知识来“固定”或“类属”新知识。如果能实现上述两点，则这种模式在掌握音乐知识技能中所具有的独特功能就无法否定。

（2）引导—发现教学模式

①理论基础

引导—发现教学模式又称引导—探究式，是一种以问题解决为中心、注重学生独立活动、着眼于创造性思维能力和意志力培养的教学模式。该模式的理论基础是杜威的“五步教学法”，即“情境、问题、假设、解决、验证”五个步骤。

②教学目标

引导学生手脑并用，运用创造性思维去获得音乐技能和知识；培养学生善于发现问题、分析问题和解决问题的能力；养成学生探究的态度和习惯，逐步形成探索的技巧。

③操作程序

该模式的基本程序是：导入—探究—归纳—运用。教师导入阶段就是要将学生从旧知引向新知，诱发学生思维，并使学生集中注意力，产生对问题研究的兴趣的阶段。在探究阶段中，教师要帮助学生主动形成概念，理解原理，概括法则，让学生自己寻求答案。归纳阶段中，学生在教师的引导下，将旧知与新知重新组合、归纳，形成解决新问题的能力。运用阶段是学生通过练习—反馈强化，进行知识迁移或巩固的阶段。

④实现条件

师生处于协作的关系，教师要善于提出问题，启发诱导，学生也能展开积极能动的活动，发挥自己的主体地位。

⑤评价

其优点在于教会学生如何学习，有利于学生探索能力和求异思维的培养。但这种模式也有局限性，它需要学生先具有一定的知识储备，教与学难度较高，要求教师有丰富的教学经验。

（3）自学—指导教学模式

①理论基础

自学—指导教学模式又称学导式，是指教学活动以学生自学为主，教师的指导贯穿于学生自学始终的教学模式。其理论基础是“教为主导，学为主体”的辩证统一的教学观、“独立性与依赖性相统一”的学生心理发展观、“学会学习”的学习观。

②教学目标

以自学能力为主要目标，实现以“讲”为主向以“导”为主的转变。

③操作程序

这一模式的基本操作程序为：定向—学生自学—讨论交流—启发指导—评价、小结。教师的指导贯穿在每个环节中。

定向阶段是指教师提出自学要求，揭示自学内容，出示自学提纲或自学思考题，使学生能主动学习的阶段。在自学阶段学生要自学教学内容，在自学基础上提出疑难问题。讨论交流阶段中教师应组织学生交流学习心得体会。启发指导阶段是教师解疑的阶段。教师在这一阶段中要对学生提出的问题进行指导与解答，也可师生共同解疑。评价、小结阶段旨在总结提高，给予学生建设性的评价。

④实现条件

第一，教师要有正确的教学指导思想，以“学”为主，“导”为主线。也就是教师是“指导者”“引导者”，要充分相信学生能自学，积极指导学生自学。第二，教师要设计要求明确的自学提纲，提供必备的参考书、学习辅助工具，并有一套指导学生自学的方法。

⑤评价

自学—指导教学模式可以提高学生学习的主动性和主体意识，有利于学生自学能力和学习习惯的培养，加速创造性思维能力的发展，有利于适应学生的个体差异，更好地解决了集体教学中如何因材施教的问题。采用这一模式，教师虽然少讲了，只起点拨、解疑的作用，但对教师的主导作用要求却更高了。教师不仅要精通教材，对教学程序有周密的构思，而且在实施中应善于组织，应变能力强，有驾驭全局的能力。如果教师不能做到这几点，自学就会导致自流，这种教学模式的优越性就难以体现。

（4）探索—创造教学模式

①理论基础

探索—创造教学模式是以研究问题、解决问题为中心，注重培养学生独立钻研能力和创造性思维能力的教学模式。该模式的理论基础是布鲁纳的新要素主义理论和创造性思维理论。

②教学目标

探索—创造教学模式着重培养学生学习音乐的兴趣，提高学生感受、创造美的能力和创造性思维能力。

③操作程序

这种模式实施的程序是：准备—分析探索—创造解决—迁移。

在准备阶段，一般由教师设问或学生自问，提出问题把握特点。分析探索阶段是收集资料、分析问题、把握问题的阶段。教师要指导学生从多角度分析问题的重点、关键，建立解决问题的框架、顺序。创造解决阶段是学生创造性解决问题的阶段。学生在这一阶段可以充分运用创造性想象，在广阔的思维空间进行发散性思维活动，尽可能提出流畅性、变通性、独特性的观点，并用聚合性思维加以综合集中，选择解决问题的最佳方案。迁移阶段是总结、运用、提高的阶段。

④实现条件

运用这种教学模式时，教师应为学生的探索提供线索，引导学生分析问题，创造性地解决问题，为其提供独立思考的机会。学生作为探索的主体，要有强烈的探索意识、灵活的变通方法和超前的学习感。

⑤评价

首先，探索—创造教学模式丰富了音乐课的教学内容与形式，激发了学生的学习兴趣，活跃了学生的思维，使学生体验到了由创作带来的成功和快乐。其次，该模式也能促使学生对作品的速度、力度、旋律等音乐表现手段给予主动的注意，对音乐的各要素加深认识和体会，使学生掌握一些创作的基本手法，培养学生感受美、创造美的能力。最后，探索—创造教学模式不仅可以扩大学生的知识视野，培养学生的想象力、发散性思维与聚合性思维及主动学习的习惯和能力，还能培养学生综合运用知识的能力，并最终使学生得以全面地发展。

8.1.2.2 以音乐美学理论观点为依据的音乐教学模式——审美哲学模式

1. 审美哲学模式的理论依据

审美哲学模式是以音乐美学中有关审美主体与客体相互关系的理论观点为基本理论依据的。

从审美哲学角度来说，西方传统的音乐美学理论中关于音乐形式和内容关系的理论，实际上都是以音乐形式为中心的。无论是强调音乐是纯粹的音响运动形式的所谓自律论，还是强调音乐（形式）表现情感的必然性和直接性的所谓他律论，以及后来出现的将音乐内容归于形式之中的不可分割论，都是围绕音乐形式属性而展开的。从本质上来看，它们都是自律的，是关于音本体的“形式和内容”。用这种音本体理论解释普通学校音乐教育，突出了音乐学科的个性，掩盖了教育的共性；注重了审美客体的感性存在形式，忽视了审美主体的存在价值。

实际上。无论是西方音乐美学中强调音乐形式属性的“听觉艺术”和“情感艺术”，还是中国古典美学中强调“心声相合”（声音与人心的整体关系）、“心物相合”（人与自然的和谐关系）的“听觉—心觉”艺术，作为审美对象，其审美价值都存在于审美活动过程即审美体验中。也就是说，艺术作品不是离开主体而独立存在的，它的价值在于它以其感性存在的特有形式呼唤并在某种程度上引导了主体审美体验的自由创造。音乐正是这样一种人类心灵对世界感应的产物，是以声音为物质材料的人类精神唤醒、生命升腾的展开形式。这种“形式”是一种内在的形式，是在音乐审美体验中实现的“有生命力的形式”。它是以听觉感知为先导，通过主体心灵与客体音响的沟通，达到超越自我、超越音乐及外部物质世界的自我精神升华的境界。综上所述，审美体验是具有一定审美态度和超越意识的主体，在以某种感性存在的特有形式（客体）的呼唤下，经过生理愉悦到精神愉悦乃至精神升华的心灵感应过程。审美体验是主体与客体的沟通，也是对主体和客体的超越。

2. 审美哲学模式的教学思想

此模式的教学思想核心是通过教师的中介作用促使主体（学生）和客体（音

乐）之间的沟通。音乐教学过程的审美哲学模式，作为一种动态结构，其运作过程始终以“学生、（教师）、音乐”为核心。学生作为审美主体，音乐作为审美客体，其各自的特征及二者可能产生的相互关系是整个过程的出发点和基本依据，教师主要起促使学生与音乐沟通的中介作用。

首先，要根据特定客体（音乐）的感性特征和潜在教育因素，联系特定主体（学生）现在和发展的需要，设计审美活动的具体目标、程序、方法，并以此展开审美活动。特别值得强调的是，教师要充分意识到学生是审美主体，音乐是审美客体，音乐审美教育过程的目标和价值，只有在学生主动参与体验中，在主客观的沟通关系中才能实现。

其次，教师在发挥其具有主导意义的中介作用时，同样具有“参与—体验”和“沟通—超越”的性质。其一，教师在教学设计过程中，必须先作为审美主体，以一定的审美态度和超越意识，达到与音乐的沟通，进入超越境界，然后才能联系学生的特点，选择相应的教学策略，在教学实施中促进学生与音乐的“沟通—超越”。其二，教师在教学实施过程中，要与特定审美教育内容、以与其过程相适应的情感和教学艺术投入到过程中去。其中教师的参与方式和引导因素，取决于学生的审美体验能力和音乐作品的感性特征、审美品质、文化属性。其三，教师参与的角色，随着学生审美能力的发展和提高. 将从设计者、指导者、引导者、激励者和助手的身份逐渐过渡和转换为真正与学生身份平等的参与体验者。

3．审美哲学模式的功能目标

审美哲学模式的目标包括紧紧围绕学生音乐审美发展所需的三个方面：

（1）审美效应目标。音乐审美活动中产生或期待产生的情绪体验、情景体验、意境体验、文化修养、兴趣、审美趣味、价值观。

（2）个性发展目标。音乐审美活动需要或涉及的主体意识、超越意识、创新意识和能力、交流意识和能力、合作意识和能力。

（3）音乐学习目标。与审美客体感性特征及其文化属性相关的知识和能力。

这三个方面的目标，通过具体教学模式的实施，以其相互渗透、相互促进、相互制约的关系，在整合过程中体现其各自存在的价值。

4．审美哲学模式的具体模式

审美哲学模式的具体模式有操作体验模式、主体经验模式和文化体验模式。

（1）操作体验模式

①教学目标

使学生获得兴趣、情绪体验，掌握音乐知识，提高其音乐反应能力、交往能力、合作能力。

②适用内容

该模式适用于节拍、节奏及情绪鲜明，旋律优美，结构较规整，描绘性、情节性较强的中小型器乐作品或大型作品的片段。

③操作程序

操作体验模式的操作程序为：分析音乐与（或）操作准备—部分操作体验—整体操作体验。

④主要方法

操作体验模式的具体方法有聆听操作法、编配（或模仿）表现法、场景表演法、即兴表现法、符号辅助法，等等。

（2）主体经验模式

①教学目标

使学生在音乐审美欣赏过程中增强主体意识、创新意识，使其获得情感体验，提高其音乐想象力、理解力。

②适用内容

该模式适用于与学生生活经验、审美经验、社会经验和学习经验相联系的器乐或声乐作品。

③操作程序

主体经验模式的操作程序为：唤起主体经验—深化与扩展主体经验—审美评价。

④主要方法

主体经验模式的具体方法有视觉转化法、语言转化法、模仿表现法、比较法、探索表现法，等等。

（3）文化体验模式

①教学目标

提高学生的音乐审美欣赏兴趣，增强学生对音乐形态及音乐风格的体验和认识、对音乐观念与价值的理解、对音乐操作行为和社会行为的认识。

②适用内容

该模式适用于某种文化圈中特有的音乐品种或形式，民族风格、时代风格、作曲家风格突出的音乐。

③操作程序

文化体验模式的操作程序为：引导审美期待—体验文化特征—评价。

引导审美期待教师联系学习内容中的音乐文化特征，以演示、示范、设问、听辨等方式，引起学生的兴趣，引导学生审美注意和期待。体验文化特征：针对学习内容分析和体验其音乐文化特征。评价是通过评论、概括、表演、欣赏等，对音乐或学习结果做出评价。

④主要方法

文化体验模式的具体方法有选择配乐法、演绎法、比较法、模仿表现法、聆听操作法，等等。

8.2　音乐教学方法

8.2.1　教学方法的定义与分类

8.2.1.1　教学方法的定义

教学方法是为指向特定课程与教学目标，受特定课程与教学内容所制约，为实现既定的教学任务，师生共同活动的方式、手段、办法的总称。它不仅指教师的教法，也包括学生的学法。教学方法的采用一般受以下要素的制约：教育价值观、特定的课程和教学目标决定了教学方法的选择与运用；各学科教学内容的不同也影响着其教学方法的采用和实施；教学方法还受到教学组织形式的制约，教学方法与教学组织是内在统一的。

教学方法是随着教学活动的出现而发展起来的，是教学过程整体结构中的一个重要组成部分。它贯穿于教学的全部过程中，直接关系到教学目标和任务的完成，关系到教学质量的高低，关系到学生能力的提高。古今中外的教育者在漫长的教学实践中，曾创造了许许多多的教学方法，采用能够实现一定教学目标的适当的教学方法，也是教师进行教学设计必须具备的一项基本功。

8.2.1.2　教学方法的分类

目前在教学实践中运用得卓有成效的教学方法不胜枚举，据不完全统计有700 余种。由于教学方法数目众多，因此也出现了很多种分类框架与分类方法，把这些教学方法进行分类归纳有利于教师正确认识、选择和应用各种教学方法，更有利于教学方法本身的发展。

1. 按知识来源划分，可分为直观的方法（演示法、图示法、参观法）、语言的方法（讲授法、谈话法、阅读书籍法）、实践的方法（练习法、创造性作业法、实习作业法）。

2. 按指导学生掌握知识的程度和水平划分，可分为认知法（使学生感知和获取知识的方法）、复现法（使学生再现旧知识和教师指出活动程序的方法）、探讨研究法（使学生在新的情景中获取运用知识、进行创造性活动的各种方法）。

3. 按教学活动的过程划分：第一，组织学生认识活动的方法，在感知知识信息方面包括口述法（讲述、讲解、讲演谈话等）、直观法（演示、图解）、实践法（练习、实习、实验，操作等）；在逻辑方面包括归纳法和演绎法；在思维方面包括复现法和问题探索法；在学习管理方面，包括独立学习法和教师指导下的学习方法等。第二，激发和形成学习动机的方法，包括刺激学生学习兴趣，引起学生学习动机的方法（认识性游戏法、有兴趣的讨论法、创造情绪情景法等）、刺激学生引起学习动机的方法（提出要求、鼓励、批评、责备、说服教育、激励学生的学习意志等）。第三，检查学生认识活动效果的方法，包括口头检查法（课堂提问等）、直观检查法（直接检查学生音乐表演、音乐创作、音乐作品评价、书面作业、体育动作表现、美术作品、演习等）。

8.2.2 常用的音乐教学方法和趋势

8.2.2.1 中小学常用的音乐教学方法

1. 体验性音乐教学方法

体验性音乐教学方法，顾名思义，是一种以音乐情绪、情感体验为主的教学方法。这一方法通过激发学生音乐学习兴趣，感受与鉴赏音乐的艺术美，进而使情感体验外化等手段，培养学生音乐审美情趣和审美能力。

（1）音乐欣赏法。欣赏法是以欣赏活动为主的教学方法。在教学过程中，教师可以创设一定的情境，利用一定的教材内容及艺术形式，使学生通过音乐体验，分析评价客观事物的真善美，陶冶情操，培养学生浓厚的学习兴趣、正确的学习态度、高尚的审美理想和欣赏能力。

欣赏法的特点是通过教学中的欣赏活动，使学生产生积极的情感反应。在教学中要注意以下几个问题：首先，要引起学生欣赏的动机和兴趣；其次，要激起学生强烈的情感反应；再次，要组织与指导学生参与体验描述、分析评价等欣赏活动，以使学生的审美情感进一步升华；最后，还要注意欣赏活动中学生个性与知识能力等方面的差异。

欣赏教学法在音乐教学中占有重要地位。在欣赏过程中除了借助音乐作品进行聆听、联想、想象、模仿、分析、评价外，还可以适当利用诗歌、舞蹈、戏剧、绘画等其他艺术形式进行辅助性欣赏，以提高学生的学习兴趣，开拓学生的视野。

（2）演示法。演示法是教师在课堂上通过实际音响、示范、直观教具的操作等方法，让学生获得感性知识，深化学习内容的方法。它也是一种很常用的、能够很好地提高学生学习效率的音乐教学方法。

音乐教学中的演示手段，大致有四种：一是实际的聆听、动作的观察，包括人声、乐器声的唱片、录音、录像、电影等。其特点是能突破时空界限，使静态的乐谱变成动态的音响、图像，使抽象的概念、理论具体而形象化。二是教师的示范，包括范唱、范奏、律动及演唱、演奏等技术动作的分解等。三是利用学生演唱、演奏后的录音录像的办法，及时反馈信息，分析问题，以有效地提高水平。四是利用实物、模型、图表、图画等演示，使学生获得感性知识，如让学生自己制作各种乐器，结合音响进行演示，就是一种学习了解乐器性能及乐队编制的好办法。

（3）参观法。参观法是教师根据教学目标要求，组织学生通过对实际事物和现象的观察、研究而直接获得知识、感受的方法。这种方法与生活联系紧密，能打破课堂和书本的约束，使教学扩大学生视野，从现实社会生活中接受教育。

音乐教学的参观包括组织学生听音乐会、参观乐器博物馆、参观乐器制造工厂，等等。参观前要目的明确、精心准备，要向学生讲明目的、要求，介绍有关内容和知识；参观中要提醒学生悉心聆听、观察，适当记录，搜集资料；参观后要进行讨论，总结收获。

2．实践性音乐教学方法

实践性音乐教学方法是以音乐实践活动为主，通过在教师指导下学生亲身参与的各项音乐实践活动，形成与完善音乐技能技巧和提高与发展音乐表现能力的方法。

中小学音乐课堂中最常用的传统的实践性教学方法就是练习法。由于音乐教学具有技艺性的特点，练习法在音乐教学中的地位不可忽视，特别是在识谱、歌唱与器乐等教学中尤为重要。

练习法的一般步骤是：首先教师要明确练习要点，进行必要的示范；然后由学生进行集体或个别练习，教师辅以指导；接下来师生共同对练习情况进行分析、评价总结，并提出改进方法及要求；最后不断地循环练习以达到预期教学目标。

音乐教学中的练习应注意的问题主要有：①目标要明确，重点要突出；②练习步骤要清楚，多动脑思考，避免盲目机械练习，只追求数量而不讲究实效；③学生练习伊始就必须树立正确的观念、方法，切不可以在错误成型之后，再行纠正；④指导练习的方法要多样化，使学生始终保持练习的新鲜感；⑤教学中要及时进行反馈评价，教师要善于发现与鼓励学生的每一点进步与创造，发挥学生间相互启发帮助的作用，同时培养学生自我检查、自我纠正的习惯与能力。

3．语言性音乐教学方法

语言性音乐教学方法是以语言传递为主，通过教师和学生口头语言活动以及学生独立阅读书面语言来进行教学的一种音乐教学方法。它包括：

（1）讲授法

讲授法是指教师通过简明、生动的口头语言进行教学的一种方法。讲授法在实际教学过程中又可分为讲述、讲解、讲读、讲演等不同形式。讲述是指教师对某个事件或某种事物以叙述或描绘的方式进行教学，如对音乐作品的作家生平、创作背景的介绍与描述等。讲解是指教师以说明、解释、论证等方法进行有关概念、原理的教学，如讲解谱号、调号等记谱知识，阐明发声器官、乐器构造原理等。讲读是指教师或学生利用教材进行边讲边读边练的教学活动，如分析了某种调式之后，再读一读教材中所归纳的有关概念，然后再进行实际调式的分析练习。讲演是指教师对教学内容进行系统分析、概括、总结的一种方法，如在高中音乐欣赏教学的每一个单元结束时，教师进行的有理有据的极富感染力的概括性总结即是。讲演在课堂教学中时间不宜过长，也可以尝试由学生来承担。如在课堂上欣赏过贝多芬《第五交响曲》后，由教师或学生来总结该作品的结构、风格、哲理等。

讲授法是历史上使用最久的有效而经济的教学方法之一。教师使用此法时，要力求语言精练、概念明确、条理清晰、层次分明、重点突出、深浅适度、生动感人。讲授时切忌乱、散、艰深晦涩、平淡、空洞。此外，还必须考虑学生的年龄特点、听讲方式和接受能力。这一方法在中小学的教学中如果使用不当，极易形成毫无生气的“满堂灌”，从而削弱了音乐教学的独特魅力。

（2）谈话法

谈话法也被称为提问法、问答法，是指师生以口头语言问答的方式进行教学的一种方法。这一教学方法有利于启发学生的思维活动，培养学生独立思考能力、语言表达能力，还能起到唤起和保持学生的学习注意力和兴趣的作用。另外，谈话法也可促进师生交流，便于及时反馈教学信息，调整改进教学。

谈话法一般可分为启发式谈话、问答式谈话和指导性谈话等方法。启发式谈话主要用于学习新知识，启发学生运用已有知识和经验进行独立思考，为学生获得和掌握新知识作准备。如学习升调调号，可以先让学生回忆 C 大调音阶结构、写法、唱名，然后引导学生回答并在 G 音上构成音列，想办法将导音 F 音升高半音，构成 G 大调音阶。提问学生所升高的音是新构成的大调的第几级音，最终找出构成与识别升号调的规律。问答式谈话主要用于复习、巩固旧知识，以达到巩固和加深，使知识系统化的目的。指导性谈话主要用于组织学生进行实践活动的前后，如学生在唱歌前，教师针对乐谱、声音、速度、情绪等提出应注意的要点或在唱歌之后进行必要的总结。

使用谈话法需要注意以下几个问题：①注意提问的目的性。提问应立意鲜明，语言简练，有利于开拓学生思路，提高分析问题和解决问题的能力。②要考虑问题的难易程度。提出的问题要注意做到由浅入深、由易到难、适合于学生的程度。③要掌握提问的时机。即在学生“心求通而未得，几欲言而不能”时提问。④要注意问题之间的联系。问题要前后呼应，层层深入，才能最后“水到渠成”解决问题，使学生获得满足感、成就感。⑤教师准备要充分。不仅要准备正确的答案，而且要估计学生可能提出的若干答案。要考虑如何评价、引导才能鼓励与增进学生的自信心，提高其能力。例如欣赏巴赫《G 弦上的咏叹调》，教师在欣赏前如果提出“作品是由小提琴还是大提琴演奏的”这一问题，学生听后就会有很多人认为是大提琴演奏的。这时教师最好不要急于下结论，而要进一步引导学生听由小提琴和大提琴演奏的乐曲辨别音色，介绍小提琴四根弦的名称，在此基础上说明乐曲是在小提琴的 G 弦上演奏的，音色浑厚、浓重，有与大提琴音色相近之处。至此，问题得到了圆满的解决，学习的印象会非常深刻。

此外，提问的方式及对学生的要求也应注意。如教师要先面向全体学生提问，再指定个人回答；要给学生留思考时间；要培养学生独立回答问题的习惯（不偷看书，不依靠别人提示）；要求学生语言表达完整、清晰；要适时给予肯定、纠正与补充。

（3）讨论法

讨论法是学生以全班或小组为单位，在教师指导下，围绕教材的中心问题，各抒己见，通过讨论、辩论进行教学的一种方法。讨论法使每个学生都能参加活动，不仅可以集思广益、相互启发、取长补短，加深对学习内容的理解，还可以激发学生的学习兴趣，培养学生钻研问题、独立思考的能力。如分析辨别调式时，组织学生分组讨论，找出辨别调式的一般规律，即属此法。

（4）读书指导法

读书指导法是指学生在教师的指导下；通过阅读课本和课外读物获取知识的一种教学方法。音乐教学的读书，首先是歌谱、乐谱的习读。因为从小学三年级开始，学生逐渐从听唱向视唱过渡，开始独立视唱（奏）一般歌（乐）谱。当然这种读谱的学习必须要在教师帮助下，不可放任自流，也不是死记硬背，要使学生养成认真读谱的习惯。其次，在学习有关音乐知识、概念时也应利用课本，以使学生形成准确印象。课本中有关作家生平、创作背景等知识的介绍，可以指导学生自学。特别要指出的是，音响、音像资料是一种重要的音乐读物，学生必须多听多看才会有对音乐的感性积累。

随着学生年龄的增长，音乐教师应给学生介绍一些相应的课外读物、音响、音像资料，如音乐的故事、传略、音乐作品介绍、音乐辞书和很多与教学有关的优质唱片、磁带、电影、电视、录像带等；还可以向学生介绍与音乐有关的文学、历史、美术书籍、音乐作品等，以扩大学生的视野。教师要尽量发动学生将好的书籍、音响资料介绍给教师、同学，使课内外学习有机结合起来，以培养和调动学生的自学积极性。

8.2.2.2　音乐教学方法的未来发展趋势

改革教学方法是提高教学质量的重要途径。随着社会的不断进步与教育的迅猛发展，音乐心理学、美学新理论成果的不断产生与应用，现代化教学手段的使用、教学方法（包括音乐教学方法）也在不断发生变化。从整体上看音乐教学方法的发展呈现出与以往不同的新趋势。其特征主要有：①音乐教学方法研究的重心向“过程研究”发展；②音乐教学方法的外在表现形式向多样化和综合化发展，教学方法体系向复杂化发展；③音乐教学方法的直接价值表现形式由一维取向向多维取向发展；④音乐教学方法与教学手段的关系由教学方法被动依赖教学手段向二者积极配合发展。

8.2.3　当代音乐教育体系的教学方法

8.2.3.1　达尔克罗兹音乐教育体系的教学方法

1．体态律动教学方法

达尔克罗兹音乐教育体系是由瑞士日内瓦音乐学院视唱练耳、和声与作曲教授，世界杰出音乐教育家之一埃米尔·雅克-达尔克罗兹创立的一套音乐教育体系。该音乐教育体系的教学实践部分由三个部分组成——体态律动、视唱练耳与即兴演奏。其享誉全球的达尔克罗兹体态律动教学方法贯穿于这三部分始终，现今已在全世界各幼儿园、小学音乐教学中广泛地应用。它集中表现了达尔克罗兹的音乐教育思想，是达尔克罗兹对于儿童音乐教育的最大贡献。

体态律动，是人体随着音乐做各种有规律的协调的动作。达尔克罗兹认为：音乐起源于人类情绪的宣泄和表现，人类在聆听音乐的过程中，所产生的情绪、情感的变化，可以通过身体运动来感受、体验与表现。人的身体是一种很好的乐器，任何乐思都可以通过身体表演出来。只要把仔细聆听音乐和身体反应结合起来，就能够产生理解、表现音乐的巨大力量。

体态律动教学过程中运用这种教学方法的步骤是：

（1）音乐学习开始阶段，是对学生的初步训练和基本动作的学习。

刚进入体态律动时，孩子们只会拍手、摇摆、蹦跳、跺脚、模仿等简单的基本动作。在教学过程中，教师就要把这些简单动作的自然节奏和律动作为体态律动教学工作的基础，并用学生身体活动的自然节奏，进行音乐基本节奏和速度的练习。

（2）身体各部分动作的和谐结合。达尔克罗兹的体态律动教学方法是把学生身体的各个部分作为进行体态律动训练的基本工具。首先是让学生充分认识自己身体的各个部位，然后将各部位和谐地结合起来，获得一种整体的感受。如：将学生分成六组，随音乐来表现。

一组：嗓音——演唱歌曲。

二组：脚——学生围成一圈，随音乐单脚跳。

三组：整个身体——模仿一匹小马在奔跑。

四组：脚跟——坐在地上用脚跟模仿马蹄的声音。

五组：手指——学生用手指在一支想象的管乐器上演奏曲调。

六组：手和手臂——学生敲鼓或用手敲击地板，为音乐伴奏。

（3）大脑与身体间的协作。这是体态律动训练中最有价值的部分之一，也是记忆与抑制有关心理控制的练习。这种练习必须要求学生倾听音乐，需要智力（发出命令）与身体（执行命令）的密切配合。如：学习歌曲《两只小象》，教学中把歌曲中最具特色的衬词“呦啰啰”作为此项练习的重点，每唱到这句歌词时都要用不同的身体动作来表现。这种动作训练是集中了学生的记忆力、注意力、身体反应能力和创造力的综合体。

2．游戏教学法

儿童的年龄特征与心理发展特征决定了游戏是音乐教学中最重要的一种

方法。达尔克罗兹的儿童教育观认为，身体运动、音乐和儿童的游戏活动最易于结合。他指出，在体态律动教学中，音乐教师应尽可能地去发现和研究儿童的身体活动和他们周围世界的自然节奏，特别是儿童的游戏活动，将它们巧妙地引入教师的课堂设计和教学过程。游戏活动可以使儿童感到自然而有趣，有利于教师在宽松的气氛中，有意识地塑造儿童的个性和气质，发展其想象力和创造力。达尔克罗兹一再重申，这些活动不仅能唤醒儿童对音乐艺术和生活的热爱，更能唤醒儿童的音乐意识和音乐本能。

如音乐游戏“动物世界”，教师用琴即兴演奏描写各种动物的音乐，学生围成一圈随音乐而动，并根据音乐速度和音色的变化，用动作模仿自己想象的各种动物形象。如用轻快、活泼的音乐来表现机灵小动物；用慢速的音乐表现笨重的动物；用恐怖的音乐来表现凶狠的动物；等等。学生在音乐的变化中得到体验，教师是在潜移默化中培养了学生的音乐能力。

3.创作教学法

普通教育音乐创作教学法，是以培养发展学生音乐创造性思维、创造精神和实践能力为目的的教学方法。达尔克罗兹音乐教育体系所采用的创作教学法主要在即兴创作的范围内展开，通过即兴问答、即兴演唱、即兴演奏、即兴指挥和表演的形式进行。在创作过程中，学生始终感觉到，他们是在钢琴上和组成音乐的各个要素如节奏、和声、旋律、曲式结构、调性等做游戏，享受着游戏的快乐。

在当代，随着达尔克罗兹音乐教育体系在实践中的不断发展，其创作教学法的应用范围已从仅在钢琴上的即兴作曲扩展为更广泛的创作音乐活动，并贯穿于教学的各个环节，成为培养儿童想象力、创造力的有效手段和方法。

8.2.3.2 柯达伊音乐教育体系的教学方法

柯达伊是匈牙利著名作曲家、民族音乐家、音乐教育家，创立了举世闻名的柯达伊音乐教育体系。这种体系的产生与发展有其深刻的历史与社会背景。在 19 世纪末期，匈牙利民众的音乐知识水平普遍很低，没有伴奏的单音歌唱是音乐表现的唯一形式，传播方式靠口头、听觉和记忆，即使有一定文化的人也不会识谱和记谱。为了改变这一状况，柯达伊根据当时匈牙利社会经济发展的实际，提出了通过歌唱的方式使人民大众，特别是青少年接近音乐，以唱歌为基础，全面提升民族的音乐素质和修养。因此，柯达伊音乐教育体系的基本教学方法就是歌唱练习方法。

柯达伊体系的歌唱练习方法所运用的具体手段有首调唱名法、柯尔文手势法、节奏唱名法、字母记谱法、同定音名唱法，等等。这些教学手段在柯达伊的教学体系中具有有机统一、协调发挥的作用，达到了系统化和整体化。

1．首调唱名法

首调唱名法是柯达伊音乐教育体系中最重要的教学手段，是贯穿于各项教学内容和音乐活动的主线。柯达伊认为使用首调唱名比使用固定唱名更能帮助儿童很快地学会读谱。经实践证明，这种方法对于训练和培养学生的音乐概念是十分有效的。现在的首调音级字母使用的是：d、r、m、f、s、l、t，完整的写法是：Do、Re、Mi、Fa、Sol、La、Ti。使用临时升降记号时需要改变元音的发音，升高半音 Fa 变成 Fi，降低半音 Ti 变成 Ta，最普通的临时变化音就是这两个音级，其他变化音级也同此规律。

2．柯尔文手势法

柯达伊音乐教育体系中使用英国人约翰-柯尔文手势，并稍加改动，形成了现在人们都已了解的手势图样。这种手势的运用，使首调唱名法掌握起来更加方便，并使其得到进一步的巩固，广泛地应用在音乐教学之中。在教学实践中，学生运用柯尔文手势一般只用单手表示，而教师必须学会用双手表示，尤其是在合唱训练时，必须用双手操作不同的手势，以便指挥不同的声部。还可以利用柯尔文手势做内心听觉和短小的、即兴的卡农式的练习，提高学生的音乐能力。

3．手势说明（以右手为例）

Do 平握空拳，掌心向下；Re 上斜平拳，掌心向左下；Mi 横平掌，掌心向下；Fa 掌心翻向外，拇指向下方伸开，握其余四指；Sol 侧平掌，掌心向内；La 五指自然松开向下，呈提拉姿势，掌心向下；Ti 食指斜指向左上方，握其余四指，掌心向左前下方。

4．字母记谱法

柯达伊音乐教育体系中使用的是字母简谱，方法是将每一个唱名的第一个字母（即辅音字头）作为整个音节的标记。即音阶的第一个音 Do 记作 d，第二音 Re 记作 r，第三音 Mi 记作 m，其余依次为 f、s、l、t 等。若遇到低八度的音，在字母的右下方加“、”，高八度的音则在字母的右上方加“’”。字母谱主要用于辅助五线谱学习，对音程练习、多声部视唱、和弦分析也有实用的意义。

5．固定音名唱法

柯达伊音乐教育体系中同样重视固定音名唱法的学习，在实际教学中，利用首调唱名法结合固定音名帮助学生建立、理解全音和半音概念，也是重要的教学内容。教学中不仅仅从抽象的概念、符号上去认识全音和半音，而且真正从音响、感觉上及比较中去认识和掌握，这是一个重要的教学环节。如通过歌唱实践，当学生知道了 Sol—La 是全音时，可以分析它们在其他调中的首调唱名，配合手势在同一高度唱出不同的音名，使学生感觉到这样一种相邻关系的音响效果都是“全音”，从而更好地帮助学生明确音阶中的全音构成。

柯达伊音乐教育体系还注重歌谣、语言在教学中的运用，以及以歌唱为基础，强调合唱对于音乐能力发展的作用等，这些教学手段的运用对学生音乐能力的培养具有重要的、普遍的现实意义。

8.2.3.3 奥尔夫音乐教育体系的教学方法

德国当代伟大的作曲家、音乐教育家卡尔·奥尔夫创立的奥尔夫音乐教育体系于 20 世纪 20 年代中期初步形成，在 20 世纪中叶获得了空前的发展，目前已成为世界闻名且颇具影响力和发展价值的一大音乐教育体系。有学者认为，奥尔夫的贡献在于他创造了一种理论和实践体系，使儿童能够从最自然的方式进入音乐世界的一切领域，并从中获得最完整、最全面的音乐体验。他创造的体系可使儿童有机会获得更多的关于交流、分享和共同创造的愉快体验。

奥尔夫最为著名的音乐教育思想就是其“原本性音乐”教育观念。所谓原本，即指属于基本元素的、原始素材的、原始起点的、适合于开端的意思。奥尔夫在其《学校儿童音乐教材——回顾与展望》一文中，将“原本的音乐”做了如下解释：“原本的音乐绝不是单纯的音乐，它是和动作、舞蹈、语言紧密结合在一起的；它是一种人们必须自己参与的音乐，即：人们不是作为听众，而是作为弹奏者参与其间；它是先于智力的，它不用什么大型的形式，不用结构，它带来的是小型的序列形式、同定音型和小型的回旋曲式。原本的音乐是解决土壤的、自然的、机体的、能为每个人学会和体验的、适合于儿童的……”从这段文字中我们能看出，奥尔夫对音乐教育的实施和参与方式的认识。

1. 节奏朗读教学法

奥尔夫教育体系把节奏作为儿童学习音乐的基础是其教育体系的最突出的特点。他认为节奏是音乐的基本要素，音乐学习应以节奏学习为起点，并将其贯穿于节奏朗诵与歌唱活动、基本动作教学、器乐教学等每一个教学内容当中，将这三个方面的教学内容有机地联系在一起形成一个整体。因此，节奏朗读教学法是其很重要的一个教学方法。在具体的实施过程中，教师须以语言作为儿童音乐发展的基础，引导学生结合朗诵活动进行语言节奏的体验。儿童在朗读活动中，依据不同语言内容和朗诵的不同节奏，来提取其中的节奏因素（元素），从这里入手进行最初的节奏训练。

节奏朗读在教学中并不是随意的。节奏型的选择既要符合音乐本身从简单到复杂的进程，更要符合儿童的生理发展和认知规律。通常情况下要从四分音符和八分音符入手，从比较简单、短小的词组发展到较长的诗歌、童谣等，甚至是多声部的节奏朗读作品。

2．律动教学法

奥尔夫教学体系的动作分为律动、舞蹈、戏剧表演、指挥等方面。律动与舞蹈教学是奥尔夫教学中的一个重要组成部分。动作不仅是学习音乐的手段，也是学习的目的，要充分体现音乐与动作、舞蹈、语言的完美结合。奥尔夫的基本律动教学法的内容包括：

（1）反应训练，是指用动作对听觉及视觉的感受作出反应。

（2）动作训练，奥尔夫教学对动作的训练虽不要求精美，但需做技术训练。通过教学，学生能够更加细腻、更加丰富地体验听力及视力的感觉。训练内容有走、跑、跳、“跑马”等动作训练。

（3）动作的变换与动作组合，通过动作的变化来加强对音乐中各种要素及其变化的深刻体会，进行音乐感和形式感的练习。

（4）动作游戏，在音乐中培养学生的创造力和想象力。

3．声势教学法

这是奥尔夫教学体系中独特的教学方法，在具体实施过程中，要求学生用简单而原始的身体动作发出各种有节奏的声音，如用捻指、拍手、拍腿、跺脚等方式进行节奏练习。这种声势教学法对学生的节奏感、听辨能力、反应能力、记忆能力以及对学生进行音乐创造性能力的培养是一个非常重要的方法之一。声势教学法在音乐教学中的具体实践内容有：①节奏模仿。可以是师生间的也可以是学生之间的。模仿的节奏可重复做，标准是学生对节奏是否掌握。模仿的节奏也是由简单到复杂，由慢速到快速，要适时为止，时间不要过长，否则学生的兴趣减弱或注意力不集中，就会失去教学的意义。②接龙游戏。在模仿训练的基础上做进一步的节奏训练。这种训练方法最能提高学生的反应能力、记忆能力和即兴的创作能力。练习时学生要根据教师的速度进行节奏连接，学生可以模仿教师的节奏，变换不同的动作（如捻指、拍手、拍腿、跺脚等），也可自由创作。教师要注意掌握好练习的速度。③节奏创作。以小组为单位，共同编创。当学生掌握了一定的节奏语汇时，这一练习是很容易达到的。学生能够创作出多种声势节奏型。但教师分组时要注意学生的搭配，避免出现小组之间过大的差距而影响一部分学生的学习积极性。④用声势为音乐旋律伴奏。这是奥尔夫音乐教学方法中最具特色的多声部音乐教学的内容与形式。这种训练方法应用最自然，最能体现音乐原本性的“固定音型”手法，不但掌握起来更加容易，而且培养了学生自身的身体协调性，同时还培养了学生间的合作能力、对多声部音乐的参与理解能力。

4. 器乐表演教学法

乐器表演教学法在奥尔夫音乐教育体系中占有重要的地位。但这并非以乐器取代歌唱教学，而是用来帮助和加强歌唱的表现的，通常为歌唱、律动、朗诵、声势和即兴演奏伴奏。乐器包括各种打击乐器、音条乐器、竖笛、吉他，等等，其中打击乐器与音条乐器等敲击类乐器为奥尔夫音乐教学运用最多的特色乐器。敲击乐器的最大特点是节奏鲜明、色彩丰富、容易操作，在演奏时要强调演奏的姿势、状态和每件乐器优美、富有弹性的声音。在实际教学中，通常通过这些不同声响的敲击乐器的训练来增加学生学习音乐的兴趣，加深对节奏的感知体验，进而培养良好的节奏感。

5. 创作教学法

培养创造力是奥尔夫教学法的原则与目的。在教学中，教师要引导学生运用元素性材料，以自主的学习方式参与到各种音乐学习之中。遵循探索—模仿—即兴—创作—表现的学习过程，唤醒每个学生潜在的想象力和创造力。

8.2.3.4 美国综合音乐素质教育的教学方法

1965 年 4 月，由美国当代音乐计划资助的音乐教育研讨会在西北大学召开。研讨会提出 Comprehensive Musicianship（简称 CM）的概念，意为作为一个完整的音乐人所应具备的一切特质或综合、全面的素质，由此引发了美国从音乐教育思想到实践的全方位改革。综合音乐素质教育在具体教育内容上强调明晰学科结构、提倡螺旋式课程编制；在教学方法上以关注学生创造力的培养，引发学生主动发现和创造激情的启发式、探究性的音乐教法作为最主要的教学方法。这种音乐教学与学习方法被美国哲学与教育学家布鲁纳称为发现法。

发现法是以学生为主体，让其自觉、主动地去探索，找出事物的内在规律和联系，进而形成一定的概念与结论的开放性的教学方法。我们从综合音乐素质教育课程五大基本环节的具体内容中就会了解其大致的教学步骤。这五个基本环节是：①自由探索。在教学中教师要善于提出学生感兴趣的问题，引发学生的思考或引导学生主动地去发现问题，并应用已学知识自觉地探索问题、解决问题。②引导探索。这个环节就是从已学知识向未知领域扩展的过程，以致获得更广、更深的音乐知识与技能。③即兴创作。即兴创作的形式极为灵活自由，不受任何程式的限制。在实际音乐教学中要充分发挥学生的自由创新能力，显现学生的思维灵活性和丰富的想象力。④有计划的即兴创作。这一环节是在自由即兴创作的基础上进行逻辑的归纳和艺术的提高，使学生的创造力提高到更高的层次。⑤巩固概念。在教学中教师要把学生的发现、创作、表演等过程随时做好记录并录音，及时给学生听，组织学生进行分析、归纳和总结，以增强学生的审美能力，巩固概念。

在 21 世纪的今天，我国音乐教育工作者如何在音乐教学中合理地借鉴优秀的教学方法，融入传统民族音乐的教学内容，根据我国的国情和现有的教学条件，构建出一系列具有本国、本地区特色的音乐教学方法，是当前我们所面临的一个巨大的课题与挑战。

第 9 章　音乐教学评价

9.1　音乐教学评价理念

评价是泛指对人或事物价值的衡量。音乐教学评价是音乐课程与教学中不可缺少的重要环节。教学评价是根据教学设计中的预定教学目标，通过有计划、有目的、有程序的科学可行方式，对教学及其效果进行客观衡量和科学的价值判断的过程。评价内容包括教学过程中的教师、学生、教学内容、教学手段、教学方法、教学环境、教学管理等诸因素的全面评价。教学评价对课堂教学的改革起到导向和监控作用，没有教学评价参与的教学过程是不完整的过程。

音乐新课程遵照基础教育课程改革新倡导的“立足过程，促进发展”的评价理念，强调建立完善的促进学生全面发展、促进教师不断提高和促进教学不断发展的评价体系。

9.1.1　关注学生

评价的根本目的在于关注学生，促进发展，不仅是为了检查学生的知识、技能掌握情况，更关注学生掌握知识、技能的学习过程和学习方法，以及在这个过程中形成的对音乐学习的情感态度与价值观。音乐教学评价不是为选择适合进行音乐教育的学生，而是为帮助教师创造出适合学生的音乐教育，使音乐教学更关注于学生的成长和进步。

特别是随着信息技术发展和网络时代到来而导致的知识的无限丰富和迅速增长，传统的以传授知识和技能训练为主要教学目的的音乐课程功能已受到挑战，这就要求音乐教育应注重培养学生积极的学习态度、良好的音乐学习习惯、创造表现意识和实践活动能力以及积极乐观向上的健康身心品质，为学生的终身发展奠定基础、储备能量。

9.1.2　关注个体差异

每一个学生，就其个性来说，都是独一无二的。音乐学习中的审美感知、审美想象、审美理解和审美情感的培养，无疑不是以个体的内在独特的体验和感受（情绪体验）开始并完成的，而且个体的音乐审美心理状态的整合一发展理想人格实质上变现为个体内在的、行为上的倾向性。因为，在欣赏音乐美和创造音乐美的过程中，个体的感觉、知觉、情感、想象、理解对心理能力是高度活跃与协调，并自成一体的。每个个体从智力、能力、性格、志向、专长等方面都是具有必然的个性差异。

因此，评价中要尊重个体审美心理过程的特征与规律，关注个体审美能力差异，注重个性发展，正如《基础教育课程改革纲要（试行）》中指出：教育面对的是一个个具有独特个性的学生，教育应促使每一名学生的个性发展。《全日制义务教育音乐课程标准》中的基本理念中明确阐述要尊重学生的个性，鼓励学生积极参与各种音乐活动，以自己的方式表达情智。教学中，应把全体学生的普遍参与和发展不同个性有机结合起来，创造生动活泼、灵活多样的教学形式，为学生发展音乐才能提供空间。为实现这个理念，评价内容指标的综合多元化是必需的。应根据学生个性发展、个体差异、个性特点、音乐基础、生活背景、学习环境及家庭影响等多种因素进行客观评价、形成性评价和相对评价，并且在学生的个性化音乐实践活动中，多角度、多层次、多因素进行多元评价，以期形成学生个体独特性、个性化的审美情趣。

美国心理学家加德纳（Gardner）在 1983 年提出了多元智能理论（Theory of Multiple Intelligence）。认为人类至少有语言、数学逻辑、音乐、身体运动、空间、人际关系和自我认识七种智能（1997 年又新提出了“博物学家智能”和“二分之一”智能即存在智能），证明了人类思维和认识世界的方式是多元化的，并且每一种智能都与人类认识世界和改造世界的活动有同等重要性。加德纳还认为每个人与生俱来都在某种程度上拥有至少这七种智能的潜能，而环境和教育对能否使人类的这些潜能得到开发和培育有重要作用。而传统的只用纸笔和标准化的考试和过分强调语言智能和数学逻辑智能的传统评价方式和观念，否定了其他必要的智能，使学生的许多潜能不能得到确认和开发。

由于人类的知识表征与学习方式有多种不同形态，不同的人可能有不同的特定的智力学习方式，所以个别差异在教学中必须受到重视。如果只用单一的教学评价方式来评价教学，这肯定是有局限性的。因此，只有用多元评价手段和多元评价方法来衡量不同的学生个体，才能让学生发挥个体所长，这才是评价的基本目标。

多元教学评价的指标和内容是综合多元的，它强调整体性评价、弹性化评价和人性化评价。它既可全面真实地评价学生潜能、成绩成就，又能对教师进行多元评价，包括教师道德、教师对学生的了解和尊重、教学设计的实施、与学生的交流及沟通、教学反思等诸多内容的评价。

9.1.3 强调音乐实践

重视音乐实践是音乐新课程基本理念之一。因为音乐课堂教学过程本来就是学生在教师引导下，参与体验音乐艺术学习的实践过程。不论是情感态度与价值观目标的达成，还是过程与方法目标的确立，或是知识与技能目标的落实，都要重视学生的实践活动。

由此，音乐课堂教学评价要注重学生情趣、态度、审美品位、价值观是否在学生情感体验的过程中获得；音乐课堂中教师设计的审美实践活动，是否引发学生的参与愿望，并能在音乐实践活动中主动参与体验、模仿。探究、发现、创造，并以审美为核心，以兴趣爱好为动力，将音乐知识和技能的学习视为整体性音乐实践活动的组成部分。

更值得一提的是，学生积极主动参与音乐实践活动的结果必然是对音乐意义的创造性构建。因此，鼓励音乐创造，培养学生的创造意识和能力，不仅是音乐实践活动的出发点与手段，更是目的。生动活泼、充满自主气氛的音乐实践活动，会激发学生的表现欲望和灵感冲动，发展想象创造力，增强创造意识。

应该通过有效的教学评价，鼓励学生积极主动思考，并勇于提出能展示个性、表现自我的见解，关注学生创造过程中的独特性、多样性和新颖性。这就要求，评价内容指标更多关注学生的参与创造和实践的过程，而不是特定结果。更不应用唯一的标准和模式来评价不同学生的不同体验和创意。

9.2　音乐教学评价特点

教学评价具有导向、创新、反馈和促进发展教学设计与教学实施的功能，是课程实施中的必要工作环节，是制约课程与教学改革的重要环节。

9.2.1　概述

9.2.1.1　课程评价与教学评价

课程评价是一个过程，是一个对教育过程和学生成绩进行价值判断的过程，其主要内容是课程实施的功能性、有效性，包括收集、观摩、判断和分析课程价值。

而教学评价内容则涉及教与学等方面，包括教学目标、教学过程、教学方法、教师的教学质量、学生的学绩状态和智能发展等内容，主要以对学生学习和教师教学为评价对象。

9.2.1.2　课程评价与教学评价的区别

教学评价不等同于课程评价。因为，随着“课程”定义内涵的泛化和深化，课程实际上是指一种教育进程，具有教育整合的“大课程观”价值。在这个前提下，教学则被认为是课程实施的一部分，由此，我们有理由认为课程评价与教学评价的区别和关系是：

1．评价内容有区别：课程评价作为课程理论的一个重要内容，包括对课程设计、课程目标、课程内容、课程组织、课程实施、课程管理等方面的评价；而教学评价作为课程实施评价中的一个工作环节，包括对具体的教学目标、教学内容、教学方法等内容的评价。

2．评价重心有区别：课程评价侧重理论上的宏观研究，主要是研究和探讨课程评价理念、课程评价模式和课程评价方法等问题；而教学评价更偏重于课程教学质量的评价指标体系、学生学绩状态、教师教学等问题的具体化研究。

3. 相互关系：课程评价从宏观整体上规范教学评价模式和方法。为教学评价的有效进行提供宏观和理念上的导向，是教学评价的理论指导；而教学评价的有效性和可行性又直接影响着课程评价的整体效果。

9.2.2 当代教学评价改革的特点

9.2.2.1 重视发展，弱化选拔，评价功能发生转化

当代课程功能已从原来的传授知识为主转向侧重培养学生积极的学习态度、创新意识和实践能力以及身心品质的综合发展。今日的教育是明日可持续发展的基础。因此，课程与教学评价的功能也发生了根本性改革，不仅仅是关注学生的知识、技能掌握的深浅，更重要的是关注学生掌握知识、技能的方法和过程，更重视学生在此过程中情感态度与价值观的形成。评价不为选拔，而为促进和激励学生的发展。教育不是在选择学生，而是创造适合学生的教育。

9.2.2.2 关注个体差异，评价指标多元化

多元智能理论在 20 世纪 90 年代出现，其情景化评价的提出使人们深刻认识到尊重个体差异性和独特性，必须是以评价指标多元化为前提条件。因此，不仅仅要关注学生的学业成就，更要关注价值观、态度、情感、创新精神、实践能力，关注学生的学习是否有了做人、做事、交往、发展、生存能力的变化和提升。美国许多著名中学设立的奖项之多、范围之广让人目不暇接，几乎涉及学生发展的方方面面，而与学生学业成绩相关的奖项只占五分之一左右。法国非常强调对学生学业态度的评价，而对学生学业成绩的评价则放到了第二位。日本小学生的评价包括考试成绩、学习情况、品行与性格三个方面。英国则在 1999 年新颁布的国家课程标准中强调四项发展目标和六项基本技能，传统的学业成就只是其中一部分。

9.2.2.3 注重发展过程，实现评价重心的转移

所谓评价重心，是指在教学评价过程中所侧重的关注点。传统的教学评价的侧重点一般体现为关注评价结果，注重总结性（终结性）评价，是面向过去的评价。而新课程的教学评价则是面向未来、重在发展、关注过程的形成性评价。

从一般意义上说，按照教学评价与进行的不同时间和所起到的不同作用，可将教学评价分为形成性评价和总结性评价。形成性评价又称“过程评价”或“即时评价”，是指在教学计划或教学方案以及教学活动实施过程中的评价。其目的和作用是能及时发现问题，调整计划和方案，是包括一系列为改进期望的课程计划而进行的活动。因而形成性评价可以在教学进行过程中不断发生，可以为教师不断提供修改、完善教学计划与方案的信息和意见。因此，形成性评价是一个动态的活动过程，是一个适合不断发展、完善的，教与学活动的评价方式。

总结性评价又称“事后”或“教学目的评价”。但其中所说的总结，并不是意味着在评价过程中所使用的方法是具体的总结性方法，而是指对教学计划实施过程分环节、分部分的总体价值的判断，其目的是对已进行的教学活动的总体效率以及最终结果加以认定。

对于新课程音乐教学的评价来说，形成性和总结性评价都是必不可少的环节和形式。如形成性评价可以对教与学过程中教师的教学效果、学生的学习进展和存在问题进行反馈、纠正和改进，可以通过观摩、谈话、提问、讨论等方式随堂进行；而终结性评价往往发生在单元（阶段性）学习之后，期中、期末时，这个评价结果往往也是师生经常关注和重视的。但传统的音乐教学评价方式和内容比较单一，常常只通过唱一首歌，或笔试一张音乐知识考卷来进行。其实，有很多方式可以借鉴。如：操作实践式、自评与他评互动式、综合测量式，等等。其目的是通过评价，促进学生发展。正如《全日制义务教育音乐课程标准》中指出：音乐课程评价应充分体现全面推进素质教育的精神，贯彻本标准所阐述的课程理念，着眼于评价的诊断、激励与改善的功能。通过科学的课程评价，有利于学生了解自己的进步，增强学习的信心和动力，促进课程教学质量的不断提高。

同时，量化评价与质性评价的结合，也是当代课程教学评价的特点之一，即从过分强调量化指标逐步转向关注质性的分析与把握。

量化评价常常被认为是体现科学、客观或严格体现评价活动性的方式。其实，量化评价方法是以科学实证主义为认识论的基础，认为只有定量研究和量化的数据结果才是可信的结果。因此，量化评价方法力图将复杂的教育现象简化为数据，并从相关数据分析和比较中推测评价对象及其内部关系的价值与效度。当然，量化评价如果运用得当，确实能以使人信服的数据证明来揭示评价对象的特质问题。因此，量化评价以其简单明了的特点代表了各国课程与教学评价的主流。

而随着教育改革的发展，随着教育评价内容的综合化和教学评价重心的转移，仅仅凭着量化评价的方法则难以全面、充分地展示教师和学生发展的丰富性。因此，质性评价则以其全面、真实、深入地再现评价对象的个性特点和发展潜能与趋势的优点而受到欢迎，并成为近 30 年来世界各国课程改革所倡导的评价方法。

质性评价也称为“自然主义评价”，力图通过自然的调查，全面充分地揭示和描述评价对象的各种特质。它强调评价内容必须落实到真实生活情境之中，必须依存教学情境，强调跟踪动态评价，具有全面的、深刻的特点。本质上说，质性评价是“学习者为中心的”评价。

9.3 音乐教学评价的实施

9.3.1 对学生的评价

对学生的评价，实际上是对学生音乐学习的评价。当然，不能只是对学生学习成绩的评价，而且包括情感态度与价值观、过程与方法、知识与技能的全面多元评价；包括学生对音乐学习的爱好、兴趣、情感和意愿，音乐实践活动与参与态度、参与程度、合作愿望及人际协调能力；音乐学习过程中对音乐内容的体验、表现、创造意识和能力，对音乐及相关艺术以及文化的理解；以及审美情感和审美理解的形成等内容。

9.3.1.1 获取评价信息

要实现以上评价目标，首先要收集、调查和获取能够帮助进行评价分析和比较的相关信息与数据。可以通过：

1. 问卷调查法

这是一种为了统计或调查的问题表格，是一种收集信息资料的技术方式，通过设计有目的的书面调查项目或问题向学生收集信息。这种方式收集的信息内容容量较大，效率较高，便于课堂随堂进行，并且所获信息具有易于进行定量数据处理的特点。问卷调查的特点体现为问卷结果的量化性，以便于下面进一步定量分析。同时，问卷调查在方式上较灵活、方便。如果是在课堂中进行，还有益于问卷的回收。音乐问卷更适合于学生对音乐知识掌握和理解的调查、学生音乐基本水平等方面的调查。

问卷的基本格式可以由说明、问答题目、结束语三部分组成。说明部分要向被问者说明问卷目的、问卷要求并表示谢意。问卷题目部分包括分类问题、指导语等；结束语部分一般包括再次致谢，或提出一个开放式问题，如“你对某一难题有何建议？”或提出一个封闭式问题，如“你对这次问卷的感想”等内容。

问卷设计的问题要明确清楚，要注意提问的文字不宜用太长的句子，宜简单；不要在一句中问两个问题；不涉及个人隐私；措辞准确清楚，具有鼓励性。

编制问卷应注意两个方面的问题，一是有利于评价者收集到所需要的信息，二是能调动被评价者的答卷积极性。因此，具体编制问卷的过程中，注意问题的设计要明确清晰，重点突出，数量适当。问卷式测验适用于音乐教学评价中知识理解方面的评价，这对于高年级的音乐教学来说是合适的。但这种方法脱离音响，因此不能用得过多，最好还是结合实际的音响，才能使这种笔答式测验的音乐性大大提高，才更具评价意义。

2. 测验法

测验法是用测量的方法确定教育对象或教育研究对象在某些方面的有关数据，并对这些数据进行统计与分析，得出评价结论。

音乐测验法就是通过对学生的音乐学习成绩、音乐学习能力以及音乐学习潜质和学习态度及兴趣等进行测验。一般来说，包括能力测验和学力（学绩）测验，这是音乐教学中对学生进行评价的常用形式之一。

音乐测验中无论书面问题，还是实际音响，不仅做到音响质量合格，并且具有可操作性和兴趣因素。特别要注意从音乐要素到音乐作品，从音乐历史到音乐文化，这些都是不可分割的音乐整体的一部分。因此评价手段和方法上的分项测评，一定是在以提高和评价学生的音乐感受力、理解力和创造力为前提的发展学生整体的音乐审美素质的培养为基本理念。

3. 自评与互评法

自评是指学生在课堂学习中单元学习之后或期末时，依据一定的标准，对自身学习情况做出相对的评价，这种方法能体现学生的自主、自控精神，并使其对自己的学习充满信心。如：建立个人的“音乐小档案”“我的音乐夹”等方式。这种“成长纪录袋”式评价法，可以展示一个学生音乐学习发展的一个相对过程，能记录学生的成长经历；能够提供多层面的评价信息；教师可以开放地、多方位地评价学生，个性化地关注学生；能够使学生体验成功，感受进步；更重要的是提高学生的自我反思能力，并勇于对自己的学习负责。

互评主要是指同学之间通过全班或小组集体讨论进行相互评价，这也是新课程所倡导的音乐学习评价方式之一。如：《音乐课程标准》中所指的“班级音乐会”，能充分体现评价的民主性，营造和谐、团结的评价气氛。通过班级音乐会或其他活动，展示师生音乐作品、音乐小评论、演出、录音录像等，达到相互交流和激励的目的，是一种生动活泼的评价方式。

通过互相评价在参与音乐活动中的表现和互相问答相关的音乐常识，可以记录并展示学生在音乐学习中情感、参与态度的发展和变化以及音乐表现欲望和音乐素质水平等情况。

互评的优点是能使课堂气氛和谐，学生之间互相尊重，并有独立见解；课堂活动形式多样，生动活泼；学生在评价他人时也锻炼了自己的鉴别评定能力。当然，教师对学生的评价，学生之间的评价，都要以鼓励性评价为主。所谓鼓励性评价是指要着眼于别人的优点和长处，善于寻找别人的闪光点；通过鼓励性评价，不断创设一个体现成功的课堂环境，最大限度地调动学生的参与积极性。

9.3.1.2 量化与定性分析评价信息

量化分析就是对获取的评价信息进行数量分析，而定性分析主要是在获取的评价信息基础上，用归纳的方法，对其进行描述、说明和解释，音乐教学在评价中，应善于将量化分析与定性分析的方法结合起来，多角度来进行评价。

1.量化分析

（1）评价信息数据的初步整理：

①统计分类：将信息数据评价对象的特征分为不同类别，通常分为性质类别，如学校分类、学生性别分类、成绩分类等；还有数量类别，如数值大小，从小到大或从大到小的顺序排列，或按数据等级大小排列成序。

②统计表和统计图：即直观的表示数据特征和性质的最常用方法。统计表按内容可分为简单表、分组表和复杂表；统计图是以点、线、面和色彩等描绘成的直观的标识数据特征和性质的图形。常用的有直条图、圆形图、线线图和直方图。

（2）描述统计：是对数据进一步进行集中量和差异量的分析，以及相关量的计算。

集中量是代表一组数据典型水平或集中趋势力量，能反映大量数据指向某一点集中的情况，包括算术平均数、中数、众数。差异量是描述一组数据的离散趋势，包括全距、方差。

相关量描述两个变量之间的变化关系，如描述同一组学生的音乐学习成绩与其他科目学习成绩的关系。量化分析往往要借助计算机和统计软件进行，效率较高，客观性较强。一般说，量化分析的过程是从统计分类开始，到对数据分布的形态和特征进行描述，再进行评价结果的检验以及相关因素的分析。

2．定性分析

其特点是注重数据整体的发展的分析，主要着眼于质的描述性资料，对收集的信息进行归纳的逻辑分析。音乐教学中，这种分析方法是常用的，因为定性分析更能体现音乐学科的特征，有利于评价学生音乐能力的全面发展。如：前面说的“鼓励性评价”就是运用了一种定性分析评价的方法，常常用来评价学生学习的态度、情感、参与、兴趣、好奇、勇敢、自信、尊重他人等指标。

9.3.2　对教师的评价

首先在观念上要打破传统的以学生成绩论教师工作业绩的认识，建立促进教师道德发展，促进教师专业能力以及教学交流和反思能力提高的多元评价指标。

9.3.2.1　课堂音乐教学评价

这是评价音乐教师教学工作的主要途径。因此教师教学水平、专业能力、教学经验、教学机智，以及教师道德、敬业精神和人格品质都可以尽在其中得以展示。

9.3.2.2　教师的自我评价

为了客观地进行教师评价，一般采用领导评价、教研员评价、同行评价、学生评价和教师自我评价的多途径、多主体形式，而其中的教师自我评价应该是教师评价的核心。

所谓教师自我评价，即教师对自己工作作出主动的评价，从而达到自我提高。这不仅是一种非常有意义的对教师的评价方法，而且通过不断认识自己，分析自我，逐渐形成教师专业向自主发展的内在机制。通过自评，鼓励教师积极参与评价过程，并主动进入评价角色。有时，课堂教学只是代表着教师发展的局部评价信息，因此，教师的自我评价会提高对教师评价结果的客观性、可行性和有效性；更重要的是，教师自我评价的过程正是一个教师自我反思、自我教育、激发内在的过程。教师可以不断提醒自己，并评价个人预定的目标的达到程度、教学技能的改进程度和能力的增长程度。教师的自我评价应贯穿于教师专业成长过程的始终。

一般来说，可以事先向教师提供自评参考提纲或明确评价的内容范围。包括自评人格特征、理解力、创造性、责任心、自信心以及民主精神。

教师通过自我评价和分析，可以较客观地反思自己的工作和成绩，加以改进并制订出完善的计划。

参考文献

[1] 李德隆．高师音乐教育学概论[M]．上海：上海音乐学院出版社，2004.

[2] 尹爱青．小学音乐新课程教学法[M]．长春：东北师范大学出版社，2005.

[3] 王安国．从实践到决策——我国学校音乐教育的改革与发展[M]．广州：花城出版社，2005.

[4] 曹理等．新课程音乐教学案例评析[M]．北京：高等教育出版社，2005.

[5] 陈泓茹．中学·音乐：新课程教学法[M]．长春：东北师范大学出版社，2005.

[6] 金亚文，龙亚君．音乐教学评价[M]．长春：东北师范大学出版社，2005.

[7] 尹爱青．音乐课程与教学论[M]．长春：东北师范大学出版社，2006.

[8] 曹理，崔学荣．音乐教学设计[M]．上海：上海教育出版社，2006.

[9] 侯文生，黄侃夫．核心素养下的音乐教学研究[M]．北京：中国书籍出版社，2022.

[10] 杨俊海，杨楠．中学音乐教学设计[M]．西安：陕西师范大学出版社，2022.

[11] 曹晏平．上海二期课改中音乐学科时效性问题的探索与实践[M]．上海：上海科学技术出版社，2021.

[12] 郑莉，杨俐嘉，李磊．中小学音乐有效教学[M]．北京：北京师范大学出版社，2015.

[13] 田文．音乐教学法理论在当代学校教育中的应用[M]．北京：中国戏剧出版社，2019.

[14] 黄润带．高中音乐教学的理论与实践探讨[M]．广州：广东高等教育出版社，2019.

[15] 张楠．音乐教学与文化修养 [M]．北京：中国戏剧出版社，2018.

[16] 陈俊伊．音乐教学概论 [M]．北京：中国戏剧出版社，2020.